KB035379

노사학파가 기록한 ────

호남의병열전

湖南義兵列傳

노사학연구원 학술총서

Ⅰ

목차

2017년 10월에 우리 노사학연구원은 노사 기정진(蘆沙 奇正鎮, 1798-1879) 선생을 비롯한 노사학파를 연구하고, 그 성과를 대중화하기 위해 설립하였습니다. 그의 학설은 독창적이고 실천적인 성격이 강해서 일찍부터 매우 높이 평가받았습니다. 그 결과 노사 선생은 이이 이황 서경덕 임성주 이진상 등과 더불어 조선시대 성리학의 6대가, 이항로 이진상과 더불어 근세유학 3대가의 한사람으로 주목받았습니다.

　　하지만 노사 선생의 연고지인 우리 지역이나 지역 거점대학 어디에도 노사 선생을 연구하는 학술단체나 연구기관이 존재하지 않았습니다. 이를 안타깝게 여기던 연구자와 후손을 비롯한 유지자 몇몇 분이 힘을 합해 겨우 연구원을 설립하게 되었습니다. 설립 초기의 온갖 어려움을 겪었지만 우리 연구원은 지난 2년 동안 두 차례의 학술대회를 개최했으며, 노사 선생과 그 문인들을 모신 장성 고산서원(高山書院)에서는 유교아카데미를 2년 연속 진행해오고 있습니다.

　　한편, 이른바 호남학을 진흥하기 위해 설립된 한국학호남진흥원에서는 노사 선생의 저술인 『답문류편(答問類編)』의 국역과 그 제자들의 문집의 표점(標點) 작업을 진행하고 있습니다. 기쁜 일이 아닐 수 없습니다. 더욱이 그렇게 소망했던 우리 지역의 대학에서 한국연구재단의 지원으로 노사학을 본격 연구한다는 소식도 들립니다. 노사학이 이제야 중음신의 신세에서 벗어나는 것일까요?

　　3.1운동 및 대한민국임시정부 수립 1백주년을 맞이한 올해에는 독립운동과 관련된 다채로운 행사가 많았습니다. 우리 연구원에서는 독립운동의 도화선인 한말의병의 뿌리를 찾기 위해 호남 최초로 의병을 일으킨 장성의병을 재조명했습니다. 그 일환으로 노사학파가 기록한 의병열전을 편역하게 되었습니다. 기우만을 비롯한 노사의 문인들은 호남의병을 선도했을 뿐만 아

발간사

홍 영 기
(노사학연구원장, 순천대학교 명예교수)

니라 『의병전』 저술에도 심혈을 기울였습니다.

1896년 장성의병을 주도한 기우만은 1909년에 「호남의사열전」을 저술했습니다. 노모의 봉양 때문에 의병에 나설 수 없었던 오준선은 후세의 귀감으로 삼고자 의병전을 저술했습니다. 기우만의 제자인 조희제 역시 유·무명의 의병전을 일제 경찰의 감시와 탄압 속에서 저술했습니다. 이들은 사생취의 정신으로 희생한 의병들을 "의사(義士)"라 기록했습니다. 특히 일제가 규정한 "폭도(暴徒)"가 천부당만부당하므로, 반드시 "의사(義士)"라고 해야 한다고 천명했습니다. 나아가 기우만은 "부자들은 의병에게 '폭도'라는 악명을 덧씌우고, 나라를 팔아먹은 대신들은 '반역자'라고 한다"고 성토하면서, 광복을 대비하여 '의사'들의 언행 하나하나를 기록하여 훗날의 참고가 되게 할 것"이라 다짐했습니다.

다만, 호남의 의사들만 기록한 까닭은 자신이 아는 사실들이기 때문이라 했습니다. 임진왜란 때 금산(錦山)과 진주 남강에서 순국한 사람들이 호남인이라면서, 그래서 호남은 예로부터 충의의 고장이라 자부했습니다. 비록 늦게 시작한 노사학연구이지만 의병의 사생취의 정신과 절의사상을 본받아 호시우행처럼 우직하게 나아가겠습니다.

이제 『노사학파가 기록한 호남의병열전』을 시작으로 연구원의 본연의 목적을 향해 걸음마를 시작하겠습니다. 이번 자료총서 제1집의 간행을 위해 물심양면으로 지원해준 관계자 여러분께 고마운 말씀을 드립니다. 저희 연구원 역시 기대에 어긋나지 않도록 열심히 노력하겠습니다. 감사합니다.

2019년 12월

일러두기

1. 이 책은 노사학파가 기록한 『송사선생문집습유』(기우만), 『후석유고』(오준선), 『염재야록』(조희제)에서
   호남의병관련 인물을 발췌하여 편역, 재편집한 것이다.

2. 번역문과 원문의 편집은 인물별 가나다 순으로, 인물의 내용은 『송사선생문집습유』, 『후석유고』『염재
   야록』 순으로 수록하였다.

3. 원문의 빈칸 중 파악이 가능한 것은 번역문에서 ☐ 안에 표기하였다.

4. 원문의 세주는 【 】안에 넣어 표기하였으며, 한자의 오기 등 명백한 오류는 원문·번역문 모두 바로 잡았다.

5. 협주는 가능한 개조체로 약술하였다.

노사학파가 기록한

호남의 병열전

湖南義兵列傳

노사학연구원 학술총서 1

高光洵

01

고광순 高光洵

· 의병장고녹천전(義兵將高鹿川[1]傳) | 『후석유고』권24

|1| 원전에는 '鹿泉'으로 되어 있으나 '鹿川'이 맞다.

|2| 고광순(1848-1907) : 전남 창평 출신. 1896년에 기우만이 주도한 장성 의병 참여, 장기항전을 도모하기 위해 지리산 피아골에 웅거했다가 1907년 10월 전사. 『녹천유고』가 전하며, 독립 장 추서.

|3| 독선(獨善) : 독선(獨善)은 자기 몸 하나만 선하게 하는 것으로 그쳤다는 말이다. 《맹자》〈진심 상(盡心上)〉의 "곤궁할 때에는 홀로 자기 몸을 선하게 하고, 뜻을 얻으면 세상 사람들과 그 선을 함께한다. 〔窮則獨善其身 達則兼善天下〕"라는 말에서 나온 것이다.

|4| 기우만(1846-1916) : 노사 기정진의 손자로, 전남 장성 출신. 1896년 장성향교에서 전라도 최초로 한말의병을 일으킴. 을사늑약 후에도 거의를 모색하다 여러 차례 구금. 1909년에 『호남의사열전』을 저술. 의병활동 및 의병전 저술의 공로로 독립장 추서.

녹천(鹿川) 고광순(高光洵)[2]은 자가 서백(瑞伯)이고, 그 선대는 장흥인(長興人)으로 제봉(霽峯) 선생 충렬공(忠烈公)의 둘째 아들인 학봉(鶴峰) 의열공(毅烈公) 인후(因厚)의 사손(祀孫)이다.

젊어서부터 재주와 기질이 영특하고 강개함이 많아 절의가 남달랐다. 일찍이 포부를 가지고 세상에 쓰여 질 뜻이 있어 명경(明經)을 공부하여 과거를 보러 다니다가 세상이 날로 혼탁해지는 것을 보고는 과거공부를 그만두고 독선(獨善)[3]하였다. 오직 세상을 부지하려는 생각만은 간절하여 세상의 영웅 준걸들과 함께 터놓고 크게 의논해서 나라를 살리는 일을 해보려 하였다. 세상 사람들에게 말할 수가 없음을 크게 개탄해 하며 이를 항상 걱정하였다.

병신년(1896)에 원수인 왜적이 날뛰어 국모(國母)가 화를 당하자 송사 기우만(松沙 奇宇萬)[4]이 대의(大義)를 밝혀서 제일 먼저 의병을 일으켰다. 녹천이 듣고는 용감히 달려가서 의사들을 격려하여 의병을 모으고 무기를 거두어서 장차 날을 정해 서울로 올라가 나라의 원수를 갚으려 하였다. 그런데 이때 임금을 팔고 나라를 팔려는 무리들이 임금을 위협하여 강제로 선유사(宣諭使)를 보내어 의병을 해산하라고 타일렀다. 제공(諸公)들이 서로 의논하기를 "비록

녹천 고광순 기념관 | 담양 창평

고광순 의병장 순절비 | 구례 연곡사

夫何世〻先王克守憲章沿日常多四陵少弊沿也不足言猶〻

殿下住董憲章擬予隨時得中猶此亂日常多何也雖孝子慈孫恐

有難處於百世之後也丙寅洋亂後豎碑於各道列邑碑文曰洋夷

侵犯非戰則主和賣國而主壯也而寅作辛戌立戌碑我萬年子孫于斯時也

殿下之乾斷化布何其壯也而自明夷竊聞他國設苑間化頹存亡之〻

大抵開化二字不過是用夷變夏陽人爲獸存亡之會迫

在呼吸不待卜說而我國獨然云掩養潝歜異類居於同室之內而欲免

國公法中條約而我國獨於同室之內而實非萬

射噬之患理之所無自悔自毀之歎已無可論而置〻變〻愳愳出

尊必客悅于知臣莫如主聽言觀貌敢庚我方今國勢有若

乎其果客悅于知臣莫如主聽言觀貌敢庚我方今國勢有若

人之大病中添急症萃非平順之劑亦可擬議也必須用大承氣

上用討利則歸曰弘集東夏之八侍也其果慹譄

於開化之後徒緣患得患失之輩依附異類外應威福計

臣之〻恨孝賊生入之日未卽大書討之而嚙其肉毋后之變未卽

而知其惡殯厥開化中誤國巨魁者梟首警眾先慰神人之憤焉

渴兼以十全大補然後庶可回春矣大奸似忠藏一日伏願 殿下愛

館之〻地臨御景福之尙未還御一介忠良之果是何人未哭詳

奇問復警離又剩令同測 殿下之頭髮居然未保而臣之髮然

〻依舊君臣父子一體天倫則臣之髮雖存非存萬苑欲苑乃俄

知石如是多變則將國不國君不君臣不臣後乃已矣第伏念

列聖休養之恩極天罔墜而一朝陽脉在此義擧諸路之義聲時

日益耳願此湖南倡義爲蓋宇萬故僉判臣正鎭之孫也克守家訓

奇宇萬封章爲唱義爲蓋宇萬故僉判臣正鎭之孫也克守家訓

우리 임금의 뜻이 아니라 하더라도 신하와 자식의 도리로 임금의 명을 어길 수 없다."고 하며, 마침내 서로 통곡하고 해산하였다. 뒷날 거사할 것을 약속하였으나 근심하고 분개한 마음은 감히 잠시라도 놓지 않았다.

을사년(1905)에 5적(五賊)의 무리가 왜놈의 위세를 빙자하여 조종(祖宗)의 강토를 동해 바다에 던져 버렸다. 뜻을 같이하는 제공(諸公)이 다시 송사(松沙)의 집에 모여 토복(討復)5|을 맹세하였다. 준선(駿善; 편역자)도 자리에 참석하여 그들의 충의가 분발하는 것을 보고 함께 일어나기로 날짜를 약속하였다. 면암(勉庵) 최익현(崔益鉉) 선생이 남쪽으로 내려와 의병을 일으켜서 순창에 들어오자 녹천이 칼을 차고 가서 따르려하니 면암 선생은 이미 의병이 패하여 잡혀 갔다.

이리저리 걱정하며 사방으로 떠돌아다니다가 남원(南原)으로 들

5| 토복(討復) : 왜적을 토벌하고 국권을 회복하자는 뜻.

6| 양한규(1844-1907) : 전북 남원 출신. 1906년 음력 섣달 그믐날 남원에서 의병 봉기. 독립장 추서.

7| 전남 구례군 토지면 내동리에 있다.

8| 경남 하동군 화개면에 있다.

9| 전남 구례군 토지면 문수리에 있다.

10| 고제량(1849-1907) : 고광순의 친족, 호가 인봉(麟峰)이며 담양 출신. 고광순 의진의 부대장으로 활동. 독립장 추서.

全羅道昌平幼學臣高光洵誠惶誠恐頓首百拜上言于
主上殿下伏以臣螻蟻微命生芥下品也生斯長斯於距京師千
里之地宜分草木同歸而民之秉彝好是懿德臣入學之初郎知
五倫之重而次次長成曰父子曰夫婦曰長幼曰朋友之道身親當之
行之而至於君臣則徒講其義而未能遂事君如事親之願平生
抱恨知人事後四十秋于兹矣死臣之先祖忠烈臣敬命孝烈臣從厚
毅烈臣曰厚三父子殉節于壬辰之亂世稱忠孝古家 列聖朝報償
之典後孫受蔭之恩天高地厚而臣卽毅烈之祀孫也念祖守訓
斷斷芹曝之忱寧其一分有讒於都下世家 國典非青雲一路
雖有通天絶人之學莫以羽儀 王庭故臣中年經工屢屈於會路人海之中
因以屢八於隆武應製之場以一儒巾輒試春枳待於 輦路人海之中
聖見 天顔欲愛之私依然我獨有君父慷慨之懷胡然我獨無隙過
方其持也日見長安光景川 天主之堂羿羿學者何人昌盛之組願貿
者何人奇技滛巧足以亂人之國而電線之捷報火輪之飛泊呼實作
主無非夕陽罷市物色歸來鄉里又見人心則徜徉之難堪無異於剃
虜椎髻苟羞之嘆日甚一日漆室之憂欲泣則婦人而至于今日徒
懷犬馬戀主之誠敢以儒生違格陳蹟而陳蹟之日不敢不以正對伏願
道也夫子曰事君有犯而無隱孟子曰人皆可以爲堯舜 殿下亦
爲此於何等主哉後可謂得當平孟子曰非不能而胡爲乎不爲堯舜
明聖渾然天成則其爲堯舜不爲也非不能而胡爲乎不爲堯舜以吾聖
蠢蠢亦 殿下之祈和也不必陳達而至若宣光俱是中興主也以吾堂

고광순 상소문 | 1896,
279x37.5㎝, 독립기념관

어가서 초계(草溪) 양한규(梁漢奎)[6]와 함께 섣달 그믐날 밤에 거사
하였는데, 한규가 갑자기 탄환에 맞아 죽으니 일이 다 와해되었다.
오직 부하 의병만 거느리고 능주(綾州), 동복(同福)의 적을 죽이고
드디어 구례(求禮)의 연곡(燕谷)[7]으로 들어가 웅거하였다.

대개 연곡은 동쪽으로 화개동(花開洞)[8]과 통한다. 화개동에는
민간 포수 수백 명이 있는데 정예하여 쓸 만하였다. 서쪽으로는 문
수동(文殊洞)[9]이 있는데 천연적으로 험준하여 믿을만하였다. 고제
량(高濟亮)[10], 고광수(高光秀)[11], 고광채(高光彩)[12], 윤영기(尹永
淇)[13], 박찬덕(朴贊悳)[14] 및 아우 광훈(光薰)[15]과 함께 들어가 점
거하며 무기를 수습하고 대오(隊伍)를 나누어 맡았다. 영·호남의
의사들이 소문을 듣고 호응하며 따랐다.

척후병이 화개에 있는 일본군이 온다고 보고하므로 광수에게 한
부대를 이끌고 가서 습격하게 하고, 또 한 부대를 인솔하여 숭치(崇

|11| 고광수(1874-1945) : 본명은 고
광덕(高光德), 전북 남원 출신. 고광순
의진에서 활동, 애족장 추서.

|12| 고광채(1876-1974) : 전남 담양
출신. 고광순 의진에서 활동, 애국장
추서.

|13| 윤영기(1871-1971) : 광주광역
시 출신. 고광순 의진에서 활약했고,
삼일운동이후 대한민국임시정부의 독
립자금 조달 활동, 애국장 추서.

|14| 박찬덕 : 현재 미서훈자로, 인적
사항은 알 수 없다.

|15| 고광훈(1862-1930) : 고광순의
동생으로 전남 담양 출신. 고광순 의진
에서 활동, 애국장 추서.

녹천 고광순 사적비 | 담양 창평

峙)를 넘어서 광수와 서로 응하게 하였
다. 절에 남은 인원은 다만 10여 명뿐이
었다. 일본군이 하동(河東)으로부터 2개
부대로 나누어 밤을 타고 좁은 길을 따라
들어오니 절 문 앞에 이르러서야 비로소
그들이 온 것을 알았다. 수하에 겨우 포
수 한 사람만이 있었다. 녹천이 포수에게
총을 쏘라고 하며 "나에게는 죽음이 있
을 뿐이다. 이 마음은 일을 일으키던 날
에 이미 정해졌으니 여러분은 나가서 다
시 뒷날의 거사를 도모하라."고 하였다.
제량이 말하기를, "어찌 차마 주장(主將)
을 버리고 구차히 살고자 하겠습니까?"
하고, 마침내 몸으로 막으며 싸우다 죽었
다. 녹천이 죽을 때 아우 광훈을 돌아보
며 "너는 군부(軍簿)를 가지고 가서 후일
의 화를 끊으라."고 했다. 일병에게는 크
게 성을 내어 꾸짖기를 "너희들이 맹서와 조약을 어기고서 우리의
종묘사직을 전복시키고, 우리의 백성들을 더럽히므로 나는 일찍이
애통함이 뼈에 사무쳐 모두 베어 죽이고 자식도 남겨 두지 않아도
〔剿殄滅之無遺育〕|16| 한(恨)이 그치지 않는데, 어찌 너희들과 상대
하여 말할 것인가? 오직 한 번 죽는 것만을 알 뿐이다." 하고, 드디
어 죽임을 당하였다.

남쪽 고을 인사(人士)들이 이를 듣고 모두 눈물을 뿌리며 놀라 탄
식하기를, "이 사람이 이 지경이 되었으니 산하의 정기(精氣)가 거두
어졌네." 라고 하였다. 녹천의 아우 광훈이 시체를 수습하여 창평으
로 돌아가 장사지내고, 흩어진 의병을 불러 모아 눈물을 뿌리며 말하
기를 "나는 형제의 원수와는 나라를 같이 하지 않는다고 들었으니,
지금 나는 동지들과 함께 위로는 나라의 수치를 씻고 아래로는 형의
원수를 갚기로 맹서한다." 하니 많은 사람이 감격해 울며 그를 따랐

|16| 모두……않아도 〔剿殄滅之無遺
育〕: 이 말은 《서경(書經)》〈반경(盤
庚)〉에 "선한 마음 없이 도(道)를 배반
하는 것만을 생각하는 등 악한 일을 행
하는 자는 중형에 처하여 세상에 존재
할 수 없게 하고 그 자손도 길이 존속하
지 못하도록 처분할 것이다."라는 은왕
(殷王) 반경의 말에서 왔다.

다. 곡성(谷城) 노치(櫓峙)[17]에 이르러 적에게 포위되어 결국 붙잡혔다. 광주(光州) 감옥에 들어가 5개월 동안 갇혀있었으나 굴복하지 않았고, 또 진도(珍島)에 3년 동안 유배되었다가 풀려나 돌아왔다.

|17| 전남 곡성군 석곡면 염곡리에 있다.

삼가 생각하건대 군신과 부자는 천성(天性)과 인륜(人倫)의 가장 큰 것임을 누가 모르겠는가. 능히 두 가지 도리를 다하는 자가 천하에 대개 드물다. 녹천과 같은 이는 충·효·열의 고가(古家)에서 태어나, 인간의 양심과 사물의 법도를 회복시키는 아름다움을 평소에 익혀왔다. 이로써 지금 세상 일이 몹시 혼란스러울 때에 능히 앞장서서 의병을 일으켰으나 비록 원수를 갚고 치욕을 씻지는 못하였다. 그러나 위급한 것을 보고서 목숨을 바친 것은 모두 신하와 자식(臣子)의 의리에 부끄러움이 없고, 선조의 훌륭한 열성에 빛을 남겼다. 이는 주자(朱子)가 "바야흐로 큰 변이 일어나 모두가 냇물처럼 무너져 흩어졌으나, 지주처럼 우뚝 선 한결같은 마음은 맑은 물과 같다. 이는 실로 그 천성을 온전히 한 것으로서 만세토록 죽지 않는 것이다.〔方時大變 衆潰如川 砥柱屹然 一心如水 實全其天 萬世不死〕"라고 한 말처럼 녹천은 거의 거기에 해당된다. 어찌 아름답지 않는가. 다만 그 충의의 실적을 수습할 사람이 없어 지금까지 파묻혀 드러나지 못하였으니 또한 한스럽다.

오준선 초상 | 채용신 그림, 1924, 비단에 채색, 57.5x74cm, 개인소장

기억하건대 병오년(1906)에 삼인산(三人山)[18] 아래에서 작별할 때에 녹천이 준선에게 이르기를 "나는 자네의 의기를 아는데 어찌 홀로 말이 없는가?" 하였다. 준선이 말하기를 "나라가 망하는데 신하와 자식이 어찌 감히 살기를 도모하겠는가. 위로 구순의 노모가 계시는데 다른 형제가 없어 아침 저녁으로 봉양하니 참으로 곁을 떠나기 어렵네. 나의 사정이 이러하니 오직 운결(隕結)[19]할 뿐이네." 하였다. 녹천이 말하기를 "비록 그렇더라도 우리들이 의병을 일으키는 날에 자네가 편안히 집에 있을 수는 없으니 내 말을 잊지 말게." 하고 섭섭하게 작별하였다. 지금 생각하니 마음에서 잊을 수가 없어 마침내 이것을 써서 뒷날의 상고에 대비하고자 한다.

|18| 전라남도 담양군 대전면 행성리에 위치한 산. 사람인(人) 자 세 개를 겹쳐놓은 모습에서 그 이름이 유래되었다고 한다.

|19| 운결(隕結) : 운수결초(隕首結草)의 준말로, 살아서나 죽어서나 은혜를 갚기 위해 노력하는 것을 말한다. 진(晉)나라 이밀(李密)이 나이 96세인 조모(祖母)의 봉양을 위해 벼슬을 사직한 '진정표(陳情表)'에 "조모의 여생을 끝까지 보전할 수 있게만 된다면, 살아서는 목숨을 바쳐 충성을 다하고 죽어서는 결초보은을 하겠다.〔卒保餘年 臣生當隕首 死當結草〕"라는 말이 나온다.

|20| 광주(光州)라고 기록되어 있으나 창평(昌平)이 맞다.

|21| 최사중은 현재 미서훈자로, 인적 사항을 알 수 없다.

|22| 황현(1855-1910) : 전남 구례 출신. 『매천야록』『오하기문』『매천집』 등을 남김, 독립장 추서.

|23| 황현, 「연곡의 전장에서 의병장 고광순을 조문하다」, 『매천집』3(권경열 역, 한국고전번역원, 2010, 288쪽).

|24| 충사(虫沙) : 전쟁에서 죽은 병사들을 말하는 것으로, 《고금사문유취(古今事文類聚)》 후집(後集) 권37에, "주나라 목왕이 남쪽으로 정벌할 때 일군이 모두 죽으니, 군자는 원숭이나 학이 되고, 소인은 벌레나 모래가 되었다. 〔周穆王南征 一軍盡化 君子爲猿爲鶴 小人爲蟲爲沙〕"라고 하였다.

|25| 국상(國殤) : 초(楚)나라 굴원(屈原)이 지은 〈구가(九歌)〉 중의 한 수로, 나라를 지키다가 죽은 장수와 병사들의 영웅적인 기개와 장렬한 정신을 칭송하는 일종의 제가(祭歌)이다. 후대에는 국가를 위하여 전사한 장수와 병사들을 가리키는 말로 쓰였다.

|26| 황현, 「양 초계를 애도하다」, 『매천집』3(권경열 역, 한국고전번역원, 2010, 260-261쪽).

· 고광순(高光洵) 【창평(昌平)|20|】 | 『염재야록』건, 권3

　　　　고광순은 자가 서백(瑞伯)이고, 제봉(霽峰, 고경명)의 후예로 장택인(長澤人)이다. 처음에 남원의 초계(草溪) 양한규(梁漢奎)와 거의(擧義)하기로 약속하였으나 기밀이 은밀하지 못하여 양한규가 피살되므로 고광순은 다시 동군(同郡)의 윤영기(尹永淇)·최사중(崔士仲)|21| 등과 함께 수백 명의 의병을 모집하여 전진하면 공격하고 후퇴하면 수비하려는 생각으로 지리산으로 들어가 있다가 화개(花開, 경남 하동)와 연곡(燕谷, 전남 구례) 사이에서 일본군을 만나 큰 전투를 벌이다 전사하였다.

　　이때 윤영기와 최사중은 달아나면서 일병 5명을 격살(擊殺)하였으나 형세가 불리하여 붙잡혔다. 재판에 이르러 심리할 때 일본 검사가 먼저 거사하자고 한 사람을 묻자 윤영기가 말하기를 "내가 먼저 주창했다."고 하고, 최사중도 "내가 먼저 발의했다."고 하여 열 번을 묻고 백 번을 물어도 끝내 두 말을 하지 않으므로 일본 검사도 의롭게 여기고 사형을 감하여 징역형으로 처리하였다. 매천 황현(梅泉 黃玹)|22|이 고의장(高義將)을 조문(弔問)하여 다음과 같이 읊었다.|23|

천 봉우리 연곡은 푸른빛이 가득한데	千峯燕谷鬱蒼蒼
작은 전투 충사|24|도 국상|25|인 것이라네	小刦虫沙也國殤
전마는 흩어져 논둑 따라 누웠고	戰馬散從禾隴臥
까마귀 떼 내려와 나무 그늘에서 나네	神鳥齊下樹陰翔
우리네 시문이야 무슨 보탬이 되랴	我曹文字終安用
명문가의 명망에는 댈 수가 없네	名祖家聲不可當
홀로 서풍 향해서 뜨거운 눈물 뿌리나니	獨向西風彈熱淚
새 무덤이 국화 곁에 우뚝하게 솟았네	新墳突兀菊花傍

또, 양초계를 조문하여 다음과 같이 읊었다.|26|

칠척의 당당한 웅호의 자질이여	七尺堂堂熊虎姿

난세를 돌아보니 참으로 남아로다 　風塵顧眄足男兒
높은 재주 못 펴 보니 신분 천함이 가련하고 　高才未試憐身賤
대의를 펴 보려도 나쁜 운수가 한스럽네 　大義將伸歎數奇
하늘 밖 우는 혼은 우주를 슬퍼하네[27] 　天外魂啼悲宇宙
땅속에서 나온 시신 수염 눈썹 늠름하네 　地中尸出凜鬚眉
초목 사이에서 군대 함성 이는 듯하니 　怳疑草木軍聲起
밤마다 교산[28]의 달 지는 그때라네 　夜夜蛟山月墮時

|27| 우주를 슬퍼하네 : 천하의 운기(運氣)가 순리적으로 흐르지 않고 막히는 바람에 세상에 온갖 재난이 발생하고 세도가 날로 비색해지게 됨을 슬퍼한다는 의미다. 조선 중기의 문신인 홍호(洪鎬)의 〈제이공백명문(祭李公伯明文)〉에, "우주가 비색함을 슬퍼하고, 윤상이 인몰됨을 강개해 했네.〔悲宇宙之晦塞 慎倫紀之堙沒〕"라고 하였다.

|28| 교산(蛟山) : 교룡산(蛟龍山)을 가리키는 것으로, 전북 남원시에 있는 산. 산기슭에서 정상까지는 돌을 깎아 쌓은 교룡산성(蛟龍山城)이 있다.

황현 초상(보물 제1494호) | 채용신 그림, 1911, 비단에 채색, 120.7x72.8cm, 개인소장

고광순 高光洵

· 義兵將高鹿川傳 | 『後石遺稿』卷24

鹿川高光洵 字瑞伯 其先長興人
霽峰先生忠烈公第二子 鶴峰毅烈公因厚之祀孫也 自少才氣英達 慷
慨多大節 早有懷瑾需世之意 治明經以應擧 見世道之日 就汗下廢擧
獨善 獨其扶世之甚 思欲與海內英俊 大開口講評 與做活國事業 而慨
世人之不可語 此甞悒悒也 至丙申 讐賊猖獗 國母被禍 奇松沙伸明大
義 首倡義擧 鹿川聞則勇赴 激厲義士 募兵卒 收器械 將欲剋日西上
以復國讐 而于是 販君賣國之徒 威脅君王 勒送宣諭使 論以罷兵 諸公
相議 以爲雖非吾君之意 而臣子之道 君命亦不可違逆 遂與痛哭而罷
約以後擧 而憂憤之情 不敢食息弛也 歲乙巳五賊之徒 憑藉倭奴威勢
以祖宗疆土 擲于桑海之東 同義諸公 復會于松沙家 誓以討復 駿善亦
忝座 見其忠義奮發 約日同起 勉菴崔先生 南下擧義 入淳昌 鹿川仗
劍往從 則先生已兵敗拘去 悠悠忽忽 間關東西 乃入南原 與梁草溪漢
奎 除夜擧事 漢奎遽中丸死 事皆瓦裂 只率部下兵 剿綾州同福賊 遂盤
據求禮之燕谷 盖燕谷東通花開洞 洞有民砲數百 精銳可用 西有文殊
洞 天險可恃 與高濟亮 高光秀 高光彩 朴贊德 及弟光薰 同入據 收拾
器械 分部隊伍 嶺湖義士聞風響從 斥堠報花開日兵至 使光秀引一枝
兵襲擊 又抽一枝兵 踰崇峙以應光秀 寺中所留只十餘人而已 日兵自
河東作兩隊 乘夜從小路而入當山門 始知之 手下只有一砲手 公使之
放砲曰 吾則有死而已 此心已定于起事之日 諸君出去 更圖後擧 濟亮
曰 豈忍棄主將 而苟活哉 遂以身翼蔽俱死 死之時 顧謂弟光薰曰 君則

持軍簿以去 絶後禍 因憤發罵曰 汝輩背盟違約 傾覆我宗社 汗穢我民庶 吾嘗痛纏心骨 劓殄滅之無遺育 恨且不休 何可與汝對言乎 惟知一死而已 遂遇害 南州人士聞之 無不灑淚驚嘆曰 斯人也至斯 山河之情氣收矣 公弟光薰 收屍歸葬于昌平 收召散卒 揮淚而言曰 吾聞兄弟之讎不同國 今吾誓與同志 上雪國恥 下復兄讎 衆感泣從之 至谷城櫓峙 爲賊所圍 遂被執 入光獄 不屈留守五朔 又囚珍島三年放歸

謹按 君臣父子 天性人倫之大者也 人孰不知之 而能盡二者之道者 天下蓋鮮矣 若鹿川者 生於忠孝烈之古家 其於民彝物則之懿 講之有素 是以 當時事搶攘之際 乃能挺身起義 雖不能復讐刷恥 而見危致命 皆足以無愧於臣子之義 而有光於先祖之烈矣 若朱子所謂時方大變 衆潰如川 砥柱屹然 一心如水 實全其天 萬世不死云者 鹿川其庶幾矣 曷不休哉 惟其忠義之實 無人收拾 至今晻昧不章亦可恨也 念昔丙午三人山下之別 鹿川謂駿善曰 吾知子之氣義 何獨無言 駿善曰 宗國傾覆 臣子何敢圖生 上有九耋老慈 無他兄弟供養朝夕 誠難離側 吾之情私如此 惟當隕結而已 鹿川曰 雖然 我輩起義之日 吾子不可晏然在家 無忘吾言 悵然爲別 至今思之耿耿不可忘 遂書此 以備後考

· 高光洵【昌平】 | 『念齋野錄』乾, 卷之三

　　　　　　　　　　　　高光洵 字□□霽峰後 長澤人也
初與南原梁草溪漢奎 擧義約定 機事不密 漢奎被死 光洵更與同郡尹永淇崔士仲等 募得數百人 以進攻退守之意 馳入智異山 遇日兵於花開燕谷中 大戰死之 尹崔兩士 則脫身走路 擊殺日兵五人 勢窮被執 及就理也 問擧事首先者 尹曰我先 崔曰我先 十問百問 終無二辭 彼亦義之 減死處役 黃梅泉玹 弔高義將曰 千峰燕谷鬱蒼蒼 小刦蟲沙也國殤 戰馬散從禾隴臥 神烏齊下樹陰翔 我曹文字終安用 名祖家聲不可當 獨向西風彈熱淚 新墳突兀菊花傍 弔梁草溪曰 七尺堂堂熊虎姿 風塵顧眄足男兒 高才未試憐身賤 大義將伸歎數奇 天外魂啼悲宇宙 地中尸出凜鬚眉 怳疑草木軍聲起 夜夜蛟山月墮時

奇參衍

02

기삼연 奇參衍

• 『송사선생문집습유』권3, 「호남의사열전」

|29| 기삼연(1851-1908) : 1896년 장성의병 참여, 1907년 10월 장성 수연산에서 호남창의회맹소를 조직하여 활동. 1907년 음력 섣달 그믐, 담양 금성산성에 유진중 일본 군경의 기습으로 크게 패한 후 전북 순창 복흥면 조동의 친척 집에 피신했다가 체포. 광주로 압송되어 일본군의 불법적 총살로 순국, 독립장 추서. 『기삼연실기』를 저본으로 삼은 『성재기선생거의록』 전함.

기삼연(奇參衍)|29|은 자가 경로(景魯)이고, 성재(省齋)는 호이다. 그의 선대는 행주(幸州) 사람으로 대대로 유자(儒者)의 행실을 하였다. 철종(哲宗) 신해년(1851)에 출생하였다. 어려서부터 꿋꿋하게 굽히지 않는 기운이 있었고 항상 답답해하면서 불평의 마음을 품고 "장부가 이 구석진 작은 나라에 태어나 뜻을 펼 수 없다면, 이것은 마치 구름 사이를 비상할 날개가 새장 속에 갇혀 있는 것과 같다. 만일 방구석에서 편안히 누워 죽어 초목과 함께 썩는다면 태어나지 않는 것과 무엇이 다를 것인가?"라고 하였다.

젊은 시절 독서할 때 병서(兵書)를 함께 읽었으며, 문장을 잘하고 필법(筆法) 또한 절묘하였다. 일찍이 을미년(1895)에 국모(國母) 시역(弑逆)의 변고가 있었고, 이어서 단발을 하라는 위협이 있었다. 내(기우만-편역자)가 왜적을 토벌하고 국권을 회복하기 위해 격문을 전하여 장차 의병을 일으키려 하자 성재가 가장 먼저 와서 군무(軍務)를 스스로

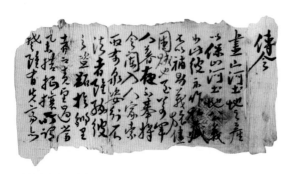

호남창의회맹소 전령

맡으며 말하기를 "군산(君山)에서 병서(兵書)를 읽은 것은 바로 오늘에 쓰기 위한 것입니다."하였다.

내가(기우만-편역자) 금성(錦城, 나주)에 있었을 때 성재가 흰 말을 타고 왕래하니 보는 이들이 백마장군이라고 불렀다. 금성의 병사들이 그의 행동이 익숙한 것을 보고 모두 놀라 말하기를 "글 읽던 선비가 어느 겨를에 군사에 관한 일을 익혔는고."하였다. 바야흐로 내가 광산관(光山館, 광주 객사)에서 의병을 모을 때 성재가 장성에서 의병 3백 명을 데리고 오는데 발고병(發庫兵)이 먼저 도착했다. 이들은 사기(士氣)가 정명(精明)하여 지나가는 길에서 침략하는 짓을 금지하니 보는 이들이 "참 의병이다."며 칭찬하였다.

기삼연 초상

선유사(宣諭使)가 내려와 부득이하게 의병을 해산하자 성재가 크게 성내며 말하기를 "선비와는 함께 일을 할 수가 없구나. 장수가 외방에 있을 때에는 임금의 명령도 따르지 않는 경우가 있거든, 하물며 강한 도적의 협박을 받은 것이요, 우리 임금의 본심이 아니지 않는가. 이 의병을 한 번 해산하면 우리들은 모두 오랑캐가 될 뿐이다."하였다. 이후 성재는 집에 있으면서 분통을 터트리며 기탄없이 말하였고, 뜻있는 이들과 소통하여 은밀히 일을 도모하다가 뒤에 일이 누설되어 완대(完隊: 전주진위대)에 체포되었다. 붙잡혀 갈 때 집안사람들이 옆에서 보고 대경실색하였으나, 홀로 평상시와 같이 웃으면서 말하였다. 연행하는 군졸도 그의 의연한 태도를 보고는 매우 공경히 대하며 감히 포승줄로 묶지 못하였다.

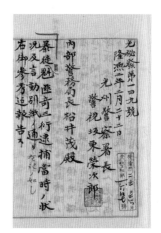

기삼연 의병장 체포 보고문 | 1908, 20x27㎝, 독립기념관

전주에서 서울로 압송되어 갇힌 지 달포 만에 죄수들의 머리를 깎을 것이라는 이야기를 듣고 "선인(先人)에게서 받은 머리털은 죽어도 깎을 수 없다. 내가 죽고 나면 뒷일을 할 자가 누가 있을까. 이것은 우리 임금의 명령이 아니니 행동거지가 어찌 여유로움이 있지 않겠는가."하였다. 지키는 옥리(獄吏)가 그의 뜻을 알고는 밤에 문을 열어 주어 나왔다. 마침내 감옥에서 나와 명산을 유람하다 여러 달 만에 돌아왔는데, 관에서 다시 묻지 않았다.

가족을 이끌고 산으로 들어가 살았다. 얼마 뒤에 5적(五賊)이 나

라를 팔아 나라의 형세가 매우 위급하였다. 정미년(1907) 가을 의병을 규합하여 석수승사(石水僧舍)|30|로 들어가서 나무를 베어 책(柵)을 만들어 전술을 연마한 후 무령(武靈, 영광), 무송(武松, 고창군 무장) 등지로 나가서 적을 만나 모두 물리쳤다. 무릇 동학(東學)과 서학(西學)의 잔당으로서 머리를 깎고 적의 사냥개 노릇을 하는 자는 만나면 반드시 죽이고, 부유한 자로서 적에게 빌붙어서 사는 자는 재물과 곡식을 빼앗아 군용(軍用)으로 충당하였다. 부자들이 많이 원망하였으나 성재는 동요하지 않았다.

모양(牟陽, 고창)의 문수사(文殊寺)|31|에 주둔하고 있는데, 적이 뒤를 밟아 와서 밤에 교전하여 적 수십 명을 베어 죽였다. 이때 모양현의 향리와 백성이 성재의 편이 되어 무기를 많이 공급해 주고 몰래 염탐하여 자세히 알려주어 곧장 성 안으로 들어가 죽인 적이 매우 많았고, 의병 또한 사망한 자가 서넛 되었다. 적이 사방에서 모여든다는 말을 듣고, 적은 의병으로 많은 적을 당해내기 어려워 샛길로 빠져 나왔다. 의병들이 많이 흩어졌고, 또 무기도 버려진 것이 많았다. 모양현 사람들이 버려진 무기를 수습하여 틈을 타서 보내

고창 문수사

주고 의병도 또한 점점 모여 들어 사기가 다시 올랐다. 매번 출병할
때마다 군량이 부족하고 날씨는 추운데다 옷은 얇어 고통스러웠다.
성재는 영광 법성포(法聖浦)에 왜적이 인근 군으로부터 조세를 받
아 쌓아 둔 것이 많다는 것을 듣고 "이것이 나라에 바치는 것이라면
빼앗아 사용해서는 안 되겠지만, 왜적의 주머니를 채우는 것이라면
가져다가 써야겠다."고 말하였다. 밤중에 들어가서 왜적의 두목 두
어 놈을 죽이니 나머지는 모두 도망하였다. 의병들에게 재물을 마
음대로 갖게 하고, 나머지는 주민들에게 가져가도록 하였다.

의병을 돌려 장성 오동촌[32]에 이르러 적을 만나 한 차례 교전하
였다. 적은 죽은 자가 대여섯이고, 의병 또한 흩어졌다. 대개 훈련
되지 않은 의병을 썼기 때문에 형세가 부득이 그러했을 뿐이다. 다
시 의병을 모아 여러 곳의 의병과 약속하여 동짓날 밤 영광성(靈光
城)에 들어가려고 하였는데, 성중에 있는 왜적들이 먼저 그 낌새를
알고 군사를 내어 방비하였다. 우리 의병들이 들어가지 못하고 추
위에 몸이 얼어 병이 많이 생겼다.

[32] 전남 장성군 장성읍 영천리에 있
는 마을.

조선후기 지방지도, 담양현지도-금성산성 부분, 1872

담양 금성산성

기삼연 의병장 순국비 | 장성 장성공원

|33| 전남 나주군 다시면과 문평면 접경에 있는 원촌.

|34| 전북 순창군 복흥면 동산리 구슬마을. 이곳은 일명 조동(槽洞, 구시동)으로 불리며 노사 기정진이 태어난 마을이기도 하다.

서우산(犀牛山)에서 의병을 쉬게 했다. 장차 나주(羅州)의 고막원(古幕院)|33|으로 향하려고 의병을 돌려 금성(金城, 담양 금성산성)에 이르렀다. 금성산성은 천연적으로 험준하여 믿을 만하므로 이곳에서 새해를 맞을 계획을 하고 며칠 동안 머무르려고 하였다. 밤중에 성에 도착하였는데 비가 심하게 내려 의병들이 다 젖어 얼어 죽을 지경이라 수비가 허술하였다. 이때 적이 아무도 없는 곳에 들어온 것처럼 비 오듯 탄환을 마구 발사하니 의병이 많이 죽고, 적도 사상자가 있었다. 빠져 나가지 못할 줄 알고 각자 의관을 정제하고 조용히 기다렸다. 하늘에서 문득 누런 안개가 내려와 산을 덮으니 지척을 분별할 수 없었다. 이에 성재가 말하기를 "하늘의 뜻이 우리를 빠져나가도록 하는 것이다."라고 하고, 드디어 서로 부축하고 이끌며 북문으로 빠져나왔다. 순창[淳化]의 복흥산(福興山)으로 들어가 마침내 의병들을 돌려보냈다. 집으로 돌아가서 설을 쇠고 정월 보름 뒤에 모이기로 계획하고 성재는 은밀히 구수촌(九水村)|34|에 머물렀다.

정월 초하룻날 아침에 장차 음식을 먹으려는데, 적 수십 명이 갑자기 들이닥쳐 기 대장(奇大將)을 찾으며 집주인에게 총칼을 들이대자 성재가 돌연 창에서 큰 소리로 "기 대장은 여기 있다. 주인이 무슨 죄냐."하였다. 마침내 붙잡혀서 담양(潭陽)에 이르렀는데, 군수가 함부로 말을 했다. 성재가 크게 꾸짖기를 "너는 너의 선대 조부 때부터 나라의 두터운 은혜를 입었는데 지금 왜놈의 종이 되어 종노릇이 이같이 심하단 말이냐."하였다.

성재를 태운 가마가 광주에 다다르자, 길에서 보는 이 중 눈물을 흘리지 않는 이가 없고, 메고 가는 자도 역시 눈물을 흘리느라 가지를 못하였다. 메고 가는 자에게 성재가 이르기를 "어두울 때 광주

읍에 들어가면 좋은 소식이 있을 것 같다. 더디 가거나 빨리 가는 것은 너희에게 달렸다."하니, 메고 가는 자들이 "네, 네" 하며 천천히 갔다. 호송하던 왜적들이 사정(私情)이 있는가 의심하여 칼을 휘두르며 재촉한 탓에 저물기 전에 광주읍에 도착하였다.

이때 선봉장 김준(金準)이 의병을 나누어 창평(昌平) 무동촌(茂洞村)[35]에 이르러서 유명한 왜장 요시다[吉田][36]를 죽이고 샛길로 돌아오다가 중도에서 성재의 소식을 듣고 정병(精兵) 30명을 뽑아서 급히 달려 경양역(景陽驛)에 이르렀으나 이미 지나간 뒤였다.

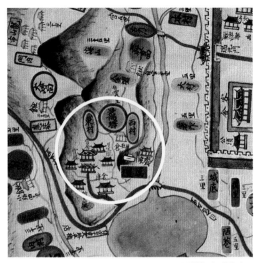

성재는 이미 경무서(警務署)에 갇혀 있는데 떠도는 소문에 의병이 사방에서 몰려온다고 하자 적이 놀라 겁을 먹고 마침내 죽였다. 성재는 죽음에 나아가면서도 의연히 조금도 동요하는 빛이 없었고, 시 한 수를 읊었는데 들은 이가 다만 그 아래 구절만을 얻었다. 그 시에 '의병을 일으켰으나 이기지 못하고 몸이 먼저 죽으니, 해(일본)를 삼켰던 예전의 꿈 또한 헛것이로구나[出師未捷[37]身先死 吞日曾年夢亦虛]'라고 하였다. 성재가 예전에 집에 있을 때 붉은 해를 삼킨 꿈을 꾸었는데 스스로 해몽하기를 '붉은 해는 처음 뜨는 해이고, 해 뜨는 곳은 일본이며 내가 해를 삼켰으니 이는 매우 큰 꿈이다.' 하고, 왜가 멸망하는 것은 나 때문일 것이라고 자부(自負)하였다. 그러므로 시에 이 말을 한 것이다.

광주 사람 안규용(安圭容)[38]이 관(棺)을 갖추어 염하고, 광주부 서탑동(西塔洞)[39]에 임시로 빈소를 차리고, 글을 지어 제사지내니 주변 사람들이 그것을 위태롭게 여겼다. 규용이 답하기를 "이것으로 화를 당한다면 마땅히 웃음을 머금고 땅에 들어가겠다. 훌륭한 가르침을 붙들어 세워서 이 세상에 공이 있는 이의 뼈를 모래밭에 드러나 굴러다니도록 그대로 두라는 말인가." 하였다. 마침내 아무

|35| 원전에 '무동촌(舞童村)'이라 기록되어 있으나 '무동(茂洞)'이 맞다. 전남 담양군 남면 무동리 무동 마을.

|36| 요시다(吉田)를 죽인 것으로 기록되어 있으나, 잘못이다. 이날 김태원 의진은 광주수비대의 가와미츠[川滿布建] 조장(曹長)과 하야시[林] 상등병(上等兵)을 죽이고, 2명에게 부상을 입혔다(『전남폭도사』, 전남일보인서관, 1977, 35-36쪽).

|37| 원문에 '逮'로 되어 있으나 '捷'의 오자(誤字)이다.

|38| 안규용(1860-1910) : 기우만 의진에 가담, 광주향교에서 의로운 활동을 기리는 비를 향교에 건립(『瑞軒居士安公義績碑』, 1967).

|39| 서탑등으로도 불리며, 현재의 광주공원 안의 서오층석탑 일대.

일이 없었고, 광주의 왜적이 그 앞에 목비(木碑)를 세우고 '호남의 병장기삼연(湖南義兵將奇參衍)'이라고 썼다.

김봉규(金奉奎)와 박도경(朴道京)이 흩어진 의병을 모아 본진(本陣)으로 삼고, 선봉(先鋒) 김준(金準)은 분진(分陣)하여 남쪽 고을을 순회하면서 적장을 베고 적기를 빼앗은 공이 많았다.

· 의병장 기삼연전(義兵將奇參衍傳) | 『후석유고』권22

기삼연은 자가 경로(景魯)이고 호는 성재(省齋)이며 본관은 행주(幸州)이다. 진사(進士) 봉진(鳳鎭)의 아들이며, 노사(蘆沙)선생의 재종질(再從姪)이다. 가정에서 공부를 하였는데, 어려서부터 영특하여 보통 아이와는 달랐다. 글을 읽으면 세세히 따지려하지 않고[40], 또한 자질구레한 예절에 구애받지 않았다. 겉으로만 유행(儒行)을 하는 척하면서 헛된 명성을 따르는 자들을 보면 심히 더럽게 여겨 그 얼굴에 침을 뱉으려 하였다. 그러나 스승을 높이고 현자(賢者)를 사모함은 진실로 성심에서 우러나왔고 항상 명교(名教)[41] 붙들기로 뜻을 삼았다. 문장을 지으면 웅대하고 힘차서 그의 인품과 같았으며, 필법도 정묘하여 사람들이 많이 가져가 간직하였다. 어버이를 위하여 뜻을 굽혀 과거시험에 응시하였으나 마음에 중요하게 생각하지 않았다.

홀로 그의 뜻과 기상이 높고 멀어서 세상의 호걸들과 함께 크게 입을 열어 가슴 속의 기이한 것을 토하여 큰 사업이나 큰 경륜을 하고자 하였으나 우리나라 사람으로는 더불어 이런 말을 할 만한 이가 없으므로 항상 답답해하였다. 나라가 장차 망하는 것을 분하게 여겨 재야의 이름없는 몸으로 나라를 위하는 계책[肉食之謀]을 내어 순국(殉國)할 뜻이 있었다.

을미년(1895)의 국가적 변고[42]에 슬픔을 가눌 수 없고, 적신(賊臣)이 임금을 협박하여 머리를 깎으라고 강요함이 매우 급박하였다. 드디어 송사 기우만과 함께 의병을 일으켜서 왜적을 토벌하여 국모의 원수를 갚기로 맹서하고 스스로 군무(軍務)를 맡아 병법(兵

[40] 세세히……않고 : 도연명(陶淵明)이 독서하는 습관을 가리키는 말로, 그가 자신을 주인공으로 삼아 지은 〈오류선생전(五柳先生傳)〉에 "독서를 좋아하되 깊이 알려고 들지 않고, 매양 뜻에 맞는 대목이 있으면 기뻐하여 밥 먹는 것도 잊는다.〔好讀書 不求甚解 每有會意 便欣然忘食〕"라고 한 데서 온 말이다.

[41] 명교(名教) : 명분(名分), 또는 인륜의 가르침을 말한다.『세설신어』덕행(德行)에 "왕평자(王平子) 호모언국(胡母彦國) 등 여러 사람들이 모두 방광(放曠)한 것으로 통달한 체하자 악광(樂廣)이 비웃기를 '명교 중에도 낙이 있는데 무엇 때문에 방광을 좋아하는가.'했다."하였다.

[42] 명성황후 시해사건을 말한다.

法)을 시행하니 여러 사람이 매우 기뻐하며 따랐다.

　장성에서 나주로 들어가니 사방에서 의사(義士)들이 운집(雲集)하여 의병의 기세가 크게 떨쳤다. 송사가 바야흐로 광산관에서 의병을 모으는데, 성재는 장성에서 3백 명의 의병을 데리고 광주에 모이니 사기(士氣)가 크게 올라 장차 일을 도모할 만하였다. 위에서 선유사(宣諭使)를 내려 보내어 의병을 해산하라고 타이르자 부득이 해산하였다. 성재가 분하여 말하기를 "이것이 어찌 우리 임금의 명령인가. 역신(逆臣)이 강제로 한 것이다. 사람들의 말에 서생(書生)과는 일을 도모할 수 없다 하더니 과연 그렇구나." 하며, 걱정과 분한 마음이 가슴 속에 가득한 채 돌아왔다.

　동지들과 은밀히 다시 거사를 도모하다가 적에게 누설한 자가 있어서 전주로 잡혀갔다. 사람들이 모두 대신 두려워하였는데 성재는 조금도 동요하지 않으니 잡아가는 병졸도 또한 공경히 대하였다. 전주로부터 서울로 옮겨 체수(滯囚)[43]된지 달포 만에 옥에 있는 사람의 머리를 모두 깎는다는 말을 들었다. 성재가 크게 말하기를 "나의 머리를 베일지언정 나의 머리털은 깎지 못하리라."하고, 죽음으로써 항거하기로 결심하니 지키는 옥졸(獄卒)이 의롭게 여겨 밤에 문을 열고 내보내 주었다. 감옥을 나와 명산을 유람하고 돌아오니 저들도 역시 묻지 않았다. 집에 있으면서 '인통함원(忍痛含冤)' 4글자를 가슴 속에 새기고 남과 말할 때에는 비분강개(悲憤慷慨)하여 눈물을 흘렸다.

　을사년(1905)에 이르러 5적(五賊)이 나라를 팔아서 우리 국권(國權)을 동해 바다에 던져 버렸다. 이에 분연히 일어나 말하기를 "이러고도 안일을 탐하며 구차스럽게 살아야 하겠는가." 하였다. 드디어 두루 지사(志士)들을 구하고, 의병을 모집하여 정미년(1907) 가을에 석수승암(石水僧菴)에 의병을 모아 훈련을 겨우 마치고는 의진을 정비하여 영광(靈光)·무장(茂長) 등지로 향하여 여러 번 적을 만나 격퇴하고 동학당으로서 머리를 깎고 적의 창귀(倀鬼)가 된 자[44]들도 모두 죽였다.

　고창(高敞) 문수사(文殊寺)에 의병을 주둔하였는데 적이 밤을 타서 뒤를 밟아 와서 총을 갑자기 쏘아대니 의병들이 모두 놀라고 겁내었

[43] 체수(滯囚) : 죄가 결정되지 아니하여 오래 구금되어 있는 죄수.

[44] 일진회원을 뜻한다.

다. 선봉장(先鋒將) 김준(金準)으로 하여금 총을 쏘아 맞서게 하니 피차에 한바탕 격전을 치르다가 적이 패해 달아났다. 아침에 보니 피가 흘러 땅에 가득하고, 시체를 끌고 간 흔적이 있어 이로써 적의 사상자가 매우 많았음을 알았다. 이때에 고창의 향리와 백성들이 의병에게 내통한 이가 많고 무기를 실어다 제공하였으므로 곧바로 밤을 타서 고창읍성을 점령하였다. 적이 문수사에서의 패전에 독을 품고 병사를 보태어 돌연 쳐들어오니 살상(殺傷)이 상당하였고 의사 김익중(金翼中)이 죽었다. 샛길로 급히 빠져 나왔는데, 버리고 온 무기를 고창현 사람들이 모두 의진으로 수송해 주고 의병들도 차츰 모여 들었다.

드디어 서로 회의하며 말하기를 "우리 의병은 날은 추운데 옷이 엷고 군량도 부족하다. 법성포에 쌓여 있는 재물은 곧 왜적들이 사사로이 쓸 것이요, 위에 바칠 것이 아니다."하였다. 밤중에 공격해 들어가서 우두머리 왜적을 죽이니 나머지는 모두 흩어져 달아났다. 재물은 군의병들에게 나누어 주고 남는 것은 주민들에게 마음대로 가져가게 하였다.

돌아오는 길에 장성 오동촌(梧桐村)에 이르러 적을 만나 쳐부수었다. 장차 동짓날 밤에 영광성(靈光城)으로 들어가려 하였는데 적이 정탐하여 알고는 군사를 내어 예비하므로 부득이 서우산(犀牛山)에서 의병을 쉬게 하였다. 그리고 한 해가 저물어가는 때에 이르자 행군하여 담양의 금성(金城)에 이르니 성이 험하여 믿을 만하므로 그곳에서 새해를 맞을 계획을 하였다. 이날 밤 날이 춥고 비가 쏟아져서 의복이 다 젖어 의병들이 추위에 떨고 굶주렸다. 아직 성을 지킬 준비도 하기 전에 적이 뒤따라 습격해 들어와 탄환이 비 오듯 하였다. 성재는 스스로 죽음을 각오하고 의관을 단정히 하며 기다리고 있는데, 갑자기 누런 안개가 산을 덮어 적과 아군을 분별할 수 없었다. 이에 말하기를 "하늘이 우리로 하여금 나가게 함이로다." 하고 서로 붙들고 이끌며 북문으로 나왔다. 순창 복흥(福興) 산중에 이르러서 의병들을 돌려보냈다. 집으로 돌아가 설을 쇠고 정월 보름 뒤에 다시 모이기로 약속하며 성재는 구수동에 몸을 숨겼다.

정월 초하룻날 아침밥을 먹으려 할 즈음 적 수십 명이 갑자기 들어와서 기 대장(奇大將)을 찾으며 집 주인을 해치려 하였다. 이에 창을 밀치고 크게 소리 지르며 "내가 여기 있다. 주인을 해치지 말라." 하였다. 마침내 붙잡혀 담양에 이르렀는데 담양군수가 함부로 말을 하니 성재가 크게 꾸짖었다. 담양으로부터 광주로 가는 길에 이 광경을 보는 사람마다 울지 않는 이가 없었다. 적들이 칼을 휘두

기삼연 의병장이 체포된 순창 복흥면 조동

33

|45| 29쪽 주 |36| 참조

|46| 매우 빠른 속도 : 원문은 '배도(倍道)'인데, 배도겸행(倍道兼行)의 준말. 보통에 비해 곱절로 길을 빨리 걷는 것으로, 곧 이틀 걸릴 길을 하루에 가는 것을 말한다.

르며 가기를 재촉하여 지체할 수도 없었다. 이보다 먼저 선봉장 김준이 분진(分陣)하여 적을 토벌하였는데, 창평(昌平) 무동촌에서 왜적의 이름난 장수 요시다[吉田]|45|를 죽이고는 길에서 성재가 붙잡혔다는 말을 듣고 날랜 포수 30명을 데리고 매우 빠른 속도|46|로 경양역(景陽驛)에 이르렀으나 이미 지나간 뒤였다.

이른바 경무서(警務署)에 갇힌 지 얼마 안 되어 해침을 당하니 곧 무신년(1908) 음력 정월 2일이다. 성재는 죽음에 임하여 말소리와 얼굴빛이 전혀 변치 않았다. 시 한 수를 읊었는데 전하는 것은 다만 '의병을 내어 이기지 못하고 몸이 먼저 죽으니, 해를 삼켰던 예전의 꿈 또한 헛것이로구나[出師未捷身先死 吞日曾年夢亦虛]' 한 구절 뿐이다. 대개 예전에 해를 삼킨 꿈을 꾼 것이 왜적을 멸망시킬 징조라고 자부했던 것을 말함이다.

죽음을 당한 날에 형세가 너무 무섭고 혹독하여 감히 시체를 수습하는 자가 없었다. 광주의 선비 안규용이 관(棺)을 갖추고 염을 한 다음 광주의 서탑등(西塔嶝)에 빈(殯)하고 글을 지어 제사를 지냈다. 왜놈도 의롭게 여겨 안규용을 문책하지 않았다. 이에 그 앞에 목비(木碑)를 세우고 '호남의병장기삼연(湖南義兵將奇參衍)'이라고 썼다.

외사씨(外史氏)는 다음과 같이 말한다.

|47| 장수양(張睢陽) : 당나라 때의 충신(忠臣) 장순(張巡)을 이른다. 안녹산(安祿山)의 난리 때 그가 수양 태수(睢陽太守) 허원(許遠)과 수양성(睢陽城)을 지키면서 적과 싸우다가 중과부적으로 성이 함락되자 장렬하게 절사(節死)하였으므로 이렇게 일컫는다. 《唐書 卷187》

|48| 문문산(文文山) : 남송 때의 충신 문천상(文天祥, 1236~1282), 문산은 그의 호. 남송이 멸망한 뒤에도 끝까지 항전하다가 체포되어 사형을 당하였다.

대개 국가가 어지러운 때를 당하여 창의(倡義)하여 적을 토벌하다가 절개를 지켜 의리에 죽은 자가 예로부터 어찌 한정이 있었겠는가마는 오직 장수양(張睢陽)|47|과 문문산(文文山)|48|이 가장 열렬하고 가장 드러난 것은 의논할 것도 없다. 그러나 수양은 지방을 지키는 고을 태수(太守)요, 문산은 재상(宰相)이다. 이들이 온 몸으로 강상(綱常)의 중함을 맡았으니 그 죽음은 당연한 직분(職分)이다. 이처럼 성재 기삼연은 일개 유생이었지만 한갓 충성과 의리로써 사졸(士卒)을 격려하며 보잘 것 없는 무리를 데리고 날로 세력이 커져가는 적을 저지하였다. 의병이 패하여 순국하였으나, 강한 창자와 매운 간담이 늠름히 살아 있는 것 같았다. 어찌 위대하지 아니한가. 성재가 수양과 문산의 처지에 있었

더라면 두 분의 일을 역시 하였을 것이다. 세상 사람들이 항상 말하기를 "지금 사람이 옛 사람에 미치지 못한다"라고 하지만 충의로서 순국한 데야 어찌 다름이 있으랴.

　나는(오준선-편역자) 성재와 나이가 동갑으로 젊어서 동문(同門)이었다. 비록 도량은 얕고 깊은 것이 있고, 취하는 것이 다른 것도 같은 것도 있었으나, 흉금을 터놓고 지내는 사이로 늙어서도 변치 않았다. 기억나는 것은 지난 정미년(1907) 가을에 나의 누추한 집으로 찾아와서 함께 일을 하기로 약속할 적에 나는 90세의 늙은 어머님이 집에 계시므로 차마 곁을 떠나지 못하겠다는 뜻으로 말하였다. 비록 억지로 일어나지 않았으나 서로 떨어지지 못하고 닷새를 머물며 의논한 것이 의병 일으키는 일뿐이요, 한마디도 다른 데 미치지 아니하였다. 그것이 의병을 일으키기 한 달 전이었다.

　나는 미련하여 아직도 편안히 침상에서 쉬는데 성재로 하여금 홀로 왜적의 칼날에 혈육(血肉)이 되게 하였으니 슬퍼하고 한탄한들 어찌 미치리오. 종종 김준, 김영엽(金永燁), 전수용(全垂鏞)이 찾아와 만날 때마다 성재에게 말이 미치면 슬픈 눈물을 흘리며 원수 갚기로 맹서하지 않은 적이 없더니, 하늘이 정의(正義)를 돕지 아니하여 서로 잇달아 순국하였으니 더욱 바랄 것이 없게 되었다.

　늘 한 생각에 미치면 문득 가슴 속에서 의기(義氣)가 솟아나 눈물이 줄줄 흘러내린다. 두어줄 글로써 그 의적(義蹟)을 기록하여 뒤에 죽는 나의 책임을 다하려 하나 글은 졸렬하고 생각은 짧아서 붓을 잡았다가 여러 번 중지하였다. 돌이켜 생각한즉 하루아침에 숨을 거두어 버리면 이 뜻을 누가 다시 알리오. 마침내 붓을 들어 이 글을 쓰노니 이 글이 성재(省齋)를 불후(不朽)하게 하는 것이 아니라 내가 장차 성재에게 힘입어 영원히 사라지지 않을 것이다.

· 기삼연(奇參衍)【장성(長城)】 | 『염재야록』건, 권3

기삼연은 자가 경로(景魯)이고, 호는 성재(省齋)이며, 행주인(幸州人)이다. 국가의 변란을 통분하게 생각하여 장차 거의(擧義)하려고 하였으나, 미처 기밀(機密)을 수합하지 못했는데 그 일이 발각되어 붙잡혀 광주(光州)에서 처형되었다.[49] 구례(求禮)의 전(前) 의관(議官) 백낙구(白樂九)도 그와 함께 처형되었다. 백낙구는 특이한 재주가 있어 일찍이 중국 절강성(浙江省)에서 유학하며 천인(天人)·성명(性命)·지지(地誌)·병학(兵學) 등 많은 분야를 연구하지 않은 것이 없었는데 운수가 불우하여 사람들이 모두 애석하게 생각하였다.

[49] 백낙구(미상-1908) : 1906년 11월 의병을 일으켰다가 체포되어 1907년 완도군 고금도로 15년 유배형. 그해 12월 사면으로 석방, 1908년 봄 다시 의병을 일으켜 싸우다 순국, 애국장 추서.

『송사선생문집습유-기삼연』

기삼연 奇參衍

· 『松沙先生文集拾遺』卷三, 「湖南義士列傳」

奇參衍 字景魯 省齋號也 其先
幸州人 家世儒行 生哲宗辛亥 自幼有偃蹇不屈之氣 常懷懺懺不平
之意曰 丈夫生此偏小之國 志不得伸 如雲間翼見縶於絛籠中 若其
臥死牖下 與草木同腐 則不生奚殊 少日讀書 兼涉兵書 能文章 筆法
亦妙絶 嘗乙未有國變 繼有祝髮脅制 余以討復傳檄 將擧義興帥 省
齋最先至 自任軍務曰 君山讀兵 正爲今日用 及余在錦城 乘白馬往
來 見者稱白馬將軍 錦城士卒 見其周章習熟 皆驚曰 讀書之士 何暇
習軍旅之事 方余會軍于光山館 帶長城兵三百 發庫兵先至 士氣精
明 所經道路 禁止侵略 觀者嘖嘖 稱眞義兵 及宣諭下 不得已罷兵 省
齋大怒曰 儒者不可與同事 將在外 君令有所不受 況强冠脅制 非吾
君本心乎 此兵一罷 吾屬皆爲所虜耳 家居 憤發敢言 交通有志之士
密謀 後因事泄 爲完隊所捕 將押去家人傍觀 驚懼失色 獨談笑如平
常 押卒見其從容 甚敬待 不敢加緤 自完押至京部 滯囚月餘 聞在囚
人將髡鉗 乃曰 先人髮膚 死不敢毁 吾死後事者有誰 此非吾君之命
行止豈不有裕 守吏知其意 夜開門遂行 遊歷名山 數月而返 亦不復
問 絜家入山居 無何五賊賣國 國勢岌嶪 丁未秋 糾合義旅 入石水僧
舍 斬木爲柵 略亦鍊習之方 取道武靈茂松等地 遇賊皆擊却之 凡東
西餘黨 毁形而爲賊鷹犬者 逢必芟除 凡富人之附賊而爲生者 奪其財
穀 以爲軍餉 富人多怨之 而不爲回撓 駐陣在牟陽之文殊寺 賊躡後
而至 夜戰 殺賊數十級 時牟陽縣吏民有內應 多輸機仗 伺密周詳 直
入城中 殺賊甚多 而軍亦物故者三四 聞賊四面蝟集 衆寡爲慮 間道
而出 士卒多散 亦多委械仗 縣人皆收拾弃之 乘間委致 軍亦稍稍集

聲勢復振 每出軍 苦之餉 天寒衣薄 聞法浦倭受近郡委祝 居積無筭
會曰 此爲給公上 則不可犯用 而適足爲倭人囊槖 可取以足用 夜半
馳入 殺領倭數人 餘悉逃去 恣軍人納槖中 餘悉令居人恣取 還軍至
長城之俉桐村 遇賊一戰 賊死者五六 而軍亦散落 盖用不習之兵 其
勢不得不然耳 復聚軍 約諸處兵 以冬至夜 將入靈光城 城中倭 先知
其機 出兵豫備 兵不得入 而寒凍多病 休軍於犀牛山中 將向羅州之
古幕院 返軍至金城 城天險可恃 爲數日守歲計 夜半至城 天雨甚 士
卒盡霑 凍欲死守備虛疎 賊如入無人 亂丸如雨 軍多死而賊亦傷且死
自知不得出 各整衣冠 安靜以竢 天忽黃霧蔽山 咫尺不得辨 乃曰天
意爲吾出 遂扶携從北門出 入淳化之福興山中 遂解遣將卒 爲室家守
歲 上元後還聚計 而省齋密留於九水村舍 正朝將食 賊數十輩猝至 索
奇將 砲刀將及於家主 遂突然當窓大聲曰 奇將在此 主人何罪 遂就捕
至潭邑 郡守有慢言 大罵曰 爾自汝先祖父 受國厚恩 今爲倭奴 奴使
至此甚耶 因舁至光邑 道路視者莫不涕泣 舁者亦揮泣不得行 謂舁者
曰 入邑在乘暮 則似有好消息 遲速在汝 唯唯遲遲 護行賊徒疑其有私
揮刀促行 未暮抵邑 於是 先鋒金準 分陣至昌平茂洞村 殺名將倭吉田
間道還 道中聞奇 選精兵三十 急足至景陽驛 已無及矣 旣入囚警務署
風說義兵四至 賊恇懼遂害 將就死 從容無幾微色 詠詩一絕 聞者只
得其下句 其詩曰 出師未捷身先死 呑日曾年夢亦虛 盖昔年家居 夢呑
紅日 自解曰 紅日初出之日 日出處是日本 而爲我所呑 甚是大夢 自
負其亡倭由余也 故詩及之 光州人士安圭容 其棺歛藁殯於府西塔洞
爲文以祭之 傍人爲危之 答曰 以此得禍 當含笑入地 扶竪名教 有功
於斯世者 一任其骨暴沙場乎 卒亦無事 而光倭竪木碑於其前 題曰湖
南義兵將奇參衍 金奉奎 朴道京 收聚散卒 以爲本陣 先鋒金準 分陣
巡南邑 多有斬將搴旗之功

・義兵將奇參衍傳 |『後石遺稿』卷24

　　　　　　　　　　　　　　　　奇參衍 字景魯 號省齋 其世幸
州人 進士鳳鎭子 蘆沙先生再從子也 學襲家庭 幼雋警異凡兒 讀書

不求甚解 又不肯屈首幼儀 見有外儒行 而循虛名者 甚鄙之 殆欲唾
其面 然於隆師慕賢 發於眞誠 常以扶植名教爲意 爲文章汪洋澎沛如
其人 筆法亦精妙 人多取而藏之 爲親屈意公車 而不屑屑焉 獨其志
氣高遠 思欲與四海豪俊 大開口吐胸中奇 做大事業大經綸 而歎東人
之無與語此 則常悒悒也 憤宗國之將亡 以草莽身爲肉食謀 有殉國
之志 歲乙未 國變罔極 賊臣脅制君父 祝髮之令迫甚 遂與奇松沙擧
義 誓心討復 自任軍務 暗合兵法 衆情悅服 自長城入羅州 四方義士
雲集 軍勢大振 松沙方會軍于光山 省齋帶長城兵三百 會于光府 士
氣倍增 若將有爲 而自上下宣論而慰解之 不得已罷兵 省齋忿然曰
此豈吾君之令耶 逆臣之強制耳 人言書生不足與謀果然 憂憤弸中 歸
與同志之士 密謀再擧 有泄於彼者 自完府押去 人皆代怖而小不動
押卒亦敬待之 自完移京部 滯囚月餘 聞盡削拘囚人 大言曰 吾頭可
斷 吾髮不可斷 矢心以死 守卒義 之夜開門獲出 遍歷名山而歸 彼亦
不問 家居 以忍痛含冤四字 存諸胸中 與人言 必慷慨泣下 至乙巳五
賊賣國 收我版籍 擲之桑海之東 乃奮然而起曰 尙可以偸安苟生乎
遂旁求志士 糾合義旅 丁未秋會兵于石水僧菴 鍊習纔畢 整軍向靈茂
等地 屢遇賊擊走之 東匪之毀形而爲賊伥鬼者 亦誅鋤之 駐軍於高
敞文殊寺 賊乘夜躡後而至 砲聲甚急 衆皆驚怕 使先鋒金準應砲 彼
此鏖戰一場賊敗走 朝視之血流滿地 有曳屍痕 以此知殺傷甚衆 時高
敞吏民多有內應於義兵 亦輸器械 直夜入城中 賊含毒於文殊之敗 添
兵突入 殺傷相當而義士金翼中死之 乘間道而出 所委械仗 縣人皆輸
送軍前 軍亦稍合 遂相與會議曰 義軍天寒衣薄 粮餉亦乏 法浦委積
即倭私蘺也 非上供也 夜半馳入 殺領倭餘皆散走 以給軍人 餘使居人
取去 還至長城梧桐村 遇賊破之 將以冬至夜 入靈光城 賊偵知之 出
兵預備 不得已休兵於犀牛山中 歲且暮 行軍至潭州之金城 城險可恃
爲守歲計 是夜 天寒雨注 衣裳盡濕 士卒凍餒 未及守禦 賊隨後掩入
亂丸如雨 自分必死 整衣冠以竢之 忽黃霧蔽山 彼我莫辨 乃曰天使
吾出也 相與扶携 從北門出 至淳化福興山中 乃解送軍卒 爲還家守
歲 上元後復聚之意約誓 而省齋則藏身於九水洞 正朝當食 賊徒數十
突入 索奇大將 將害家主 乃椎腦大呼曰 我在此 無害主人爲也 遂就

捕至潭 潭倅有謾語大罵之 自潭至光 道路觀者 無不泣下 賊徒揮刀
促行 不得遲滯 先是 先鋒金準分陣討賊 殺倭名將吉田於昌平茂洞村
而道聞省齋被執 選精砲三十 倍道至景陽則已過矣 旣就囚于所謂警
務署 未幾遇害 卽戊申正月二日也 臨死 不動聲色 詠詩一絕 而所傳
只一句 其詩曰 出師未捷身先死 呑日曾年夢亦虛 蓋前此有呑日之夢
自負其滅倭之兆而云耳 死之日 禍色甚酷 無敢收屍 光州士人安圭容
具棺斂殯於州西塔嶝 爲文以祭之 倭奴義而不之問 乃立木牌於其前
書曰湖南義兵將奇參衍云 外史氏曰 蓋當國家板蕩之日 倡義討賊 伏
節死義者 從古何限 而惟張睢陽文文山 爲最烈而最著 無以議爲 然
睢陽官守也 文山宰相也 以一身任綱常之重 其死也職耳分耳 若奇省
齋一布衣 徒以忠義 激厲士卒 驅烏合之衆 遏方張之寇 兵敗而殉 其
剛腸烈肝 凜然如生 詎不偉哉 使省齋處睢陽文山之地 則二公之事
亦將爲之後矣 世常說古今人不相及 而其秉義殉國 豈有異同也

余與省齋 生同庚 少同門 雖度有淺深 調或異同 而肝膽相照 白首
不渝 記昔丁未秋 訪余弊廬 約以同事 余辭以九耋老母在堂 不忍離
側之意 雖不強之使起 而眷眷不相舍 留連五晝夜 所講評擧義事 一
言不及他 蓋其起義前一月也 吾之冥頑 尙息偃在床 而使省齋獨爲倭
鋒之血肉 痛痕何及 每金準 金永燁 全垂鏞之來見也 語及省齋 未嘗
不愴涕 誓以復讐 天不助順 相繼死義 尤無望矣 每一念到 輒氣作於
中 淚涔涔下 思欲以數行語 記其義蹟 以塞後死之責 而文拙思短把
筆屢止 顧念一朝溘然 此意誰復知之 遂奮筆書此 非曰斯文不朽吾省
齋 吾將賴省齋以不朽矣

· 奇參衍【長城】| 『念齋野錄』乾, 卷之三

奇參衍 字□□ 號省齋 幸州人
也 痛憤國變 將欲擧義 機事未集 事覺被執 死於光州 求禮前議官白
樂九 亦與之死焉 樂九有奇才 嘗遊學於中國浙江之間 天人性命地誌
兵學之屬 無不究之 數奇不遇 故人皆惜之

기우만 奇宇萬

· 기우만(奇宇萬) | 『염재야록』건, 권3

기우만은 자가 회일(會一)이며, 호는 송사(松沙)로 행주인(幸州人)이다. 병오년(1906) 10월에 공이 체포되어 광주부(光州府)에 나갔을 때 일본 순검이 묻고 송사가 대답하는 말을 초안한 것은 다음과 같다.

일본 순검이 공의 성명을 묻고 의병으로 체포된 백낙구(白樂九)의 공초(供招)를 꺼내 보이며 말하였다.

〔문〕 과연 시킨 일이 있습니까?

〔답〕 나는 백낙구와 비록 면식은 없지만 의리도 같고 마음도 같다. 마음이 같고 의리가 같으면 지시하지 않아도 지시한 것이며 시키지 않아도 시킨 것으로, 백낙구가 나를 끌어들여 시켰다고 해도 빈 말은 아니다. 단, 백낙구뿐만 아니라 온 나라 사람이 이런 일이 있을 때 내가 시켰다고 하더라도 옳지 않은 것은 아니지만 실제로 하는 것도 없이 헛소리만 듣는 것이 부끄럽다.

〔문〕 나라의 원수에게 복수를 하지 못하여 지금 백발의 연세에 의로운 마음을 갖고 있는 것은 가상하지만 이미 이런 뜻이 있었다면 지금 10여 년 동안 어찌 한 번도 거사를 하지 않았습니

까? 금년 봄에 최면암(崔勉菴)이 거사할 때 왜 함께 거사를 하지 않았습니까?

〔답〕 춘추(春秋)의 의리에 따르면 적을 토벌하지 않았을 때는 장사(葬事)를 기록하지 않고, 장사를 기록하지 않았으면 상복을 벗지 않는다고 하였으니 지금 백발을 이고 와신상담하는 의리를 간직하고 있는 지 10여 년이 되었다. 1년은 12개월이 있고, 1개월은 30일이 있으며, 1일에는 12시가 있는데 한 번도 적을 토벌하고 복수하는 일을 생각하지 않은 때가 없었다. 손에는 촌철(寸鐵)도 없지만 가슴속에는 항시 만 명의 갑병(甲兵)이 있어 강물 소리를 들으면 철갑옷을 입고 동쪽 오랑캐를 정벌하려고 생각하였고, 산에 나무를 보면 의병(疑兵)을 만들어 오랑캐를 쫓아내기를 원하여 장차 변장자(卞莊子)[50]가 두 마리 호랑이를 잡는 방법을 이용하여 서서히 의병을 준비하고 있다가 기회가 오면 움직이려고 하였는데, 혹 먼저 움직이고 뒤에 움직이는 것은 각기 보는 것이 다를 수 있을 뿐이다.

정미년(1907) 3월에 송사는 또 일본 순검에게 체포되어 영광군(靈光郡)에 수감되어 있었다. 이때 일본 순검이 묻기를

〔문〕 강상원(康相元)[51]을 아십니까?

〔답〕 모른다.

〔문〕 이 사람이 근래 5대신의 살해를 꾀하였으나 다섯 대신은 그의 저격에 맞지 않고 강상원만 체포되어 구두로 심문을 받았습니다. 그는 이때 장성에 거주한 기산림(奇山林), 호는 송설(松雪)이라고 하는 사람이 시켜서 하는 일이라고 하였습니다. 과연 그렇게 하였습니까?

〔답〕 나는 광주에서 살고 있는데 어찌 장성이라고 하며, 나는 산림(山林)이 아닌데 어찌 산림이라고 하며, 나의 호는 송사(松沙)인데 어찌 송설(松雪)이라고 하느냐?

〔문〕 이곳에 어찌 다른 산림이 있겠습니까? 끝까지 진실을 말하지

|50| 변장자(卞莊子) : 변장자는 용맹하기로 이름난 춘추 시대 노(魯)나라 대부. 그가 호랑이 두 마리가 있는 것을 보고 사냥하려 하자, 어떤 사람이 일러주기를, "저 두 호랑이가 지금 소를 잡아먹고 있으니, 배불리 먹은 뒤에는 반드시 싸울 것이고 싸우게 되면 큰 놈은 상처를 입고 작은 놈은 죽을 것이다. 그때 상처 입은 놈을 때려잡으면 한 번에 호랑이 두 마리를 잡았다는 이름이 날 것이다." 하였다. 그가 그처럼 한 결과 과연 호랑이 두 마리를 잡는 공을 세웠다. 《史記 卷70 張儀列傳》

|51| 강상원(1872?-미상) : 전북 금산 출신, 1906년 전북 태인의진 참여, 1907년 나인영 주도의 자신회(自新會) 가담, 을사5적중 권중현을 저격했다가 체포. 내란죄로 10년 유배형, 애족장 추서.

기우만 초상 | 채용신 그림, 1916, 비단에 채색, 68x144㎝, 개인소장
기우만 칙명 | 1913

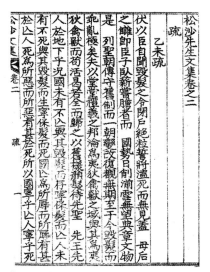
『송사집-을미소』

|52| 5적(五賊) : 을사조약(乙巳條約) 체결에 참가한 다섯 매국노를 아울러 이르는 말. 외부대신 박제순, 내부대신 이지용, 군부대신 이근택, 학부대신 이완용, 농상공부 대신 권중현을 이른다.

|53| 당고(黨錮) : 후한(後漢) 환제(桓帝)와 영제(靈帝) 때에 사대부인 이응(李膺), 진번(陳蕃) 등이 태학생들과 연합해서 권세를 진 환관들을 숙청하려다가 오히려 붕당을 결성하여 조정을 비방한다는 죄목으로 수백 명이 죽고 유배당한 사건인데, 《후한서》 권67 당고열전(黨錮列傳)에 자세히 나온다.

않으면 서울 사령부로 압송할 것입니다. 죄목이 매우 큰데 어찌 생각이 나지 않습니까?

〔답〕 5적(五賊)|52|을 누가 죽이지 않으려고 하겠느냐? 춘추에 이르기를 '(난신적자는) 사람마다 죽이려고 한다.'는 말이 있다. 나는 거사(擧事)한 사람과 전략이 같지 않지만 마음은 같으므로 그들이 만약 음모를 하였다면 내가 어찌 할 수 없는 일이다.

그 후 송사는 광주부(光州府)에서 체포된 지 3개월 만에 병든 몸을 가마에 메고 집으로 돌아와 차일산(遮日山)에서 병을 요양하였다. 이후 3개월이 지나는 동안 모르는 손님을 만난 적도 없었는데 그들이 또 찾아와서 말하기를

〔문〕 5대신을 왜 적이라고 말하십니까?

〔답〕 우리 선왕의 강토를 함부로 남의 나라 사람에게 주었으니 이런 사람이 역적이 아니냐? 너의 나라에서는 충신일지 몰라도 우리나라에서는 대역적이다.

〔문〕 대신을 능멸하여 말을 가리지 않고 하는 걸 보니 음모에 참여하고 안하고를 막론하고 그만둘 수 없습니다.

〔답〕 동한(東漢)의 당고(黨錮)|53|가 수치스러운 것은 참여하지 않았던 사람을 참여하였다고 한 것이다. 나는 영광에서 광주로 온 후 광주에서 수감되어 있었다.

　그들이 물었다.

〔문〕 학문이 남도에서 뛰어나 이미 소문이 나 있는데 제자가 몇 명이나 됩니까?

〔답〕 나의 학문으로는 스승이 되지 못하는데 어찌 제자가 있겠느냐?

〔문〕 가령 몇 명이나 됩니까?

〔답〕 군자(君子)의 도리는 오는 사람을 거절하지 않고 가는 사람을 붙잡지 않는 것인데, 오늘에는 있어도 내일은 없고 오늘은 없는데 내일은 있는 것이니 지금 어떻게 다 셀 수 있겠느냐?

〔문〕 제자 중에서 나라의 걱정을 견디지 못하는 사람이 있습니까?

〔답〕 조선 사람이라면 사람마다 누가 나라를 걱정하는 사람이 없겠느냐? 왜 우리 생도(生徒)만 그렇게 하겠느냐?

〔문〕 아들 중에 산도(山度)[54]란 사람이 있습니까?

〔답〕 친족의 아들이며 나의 아들이 아니다.

〔문〕 그 사람이 음모를 꾸며 5대신을 살해하려고 하였는데 장사(壯士)를 몇 사람이나 보냈습니까?

〔답〕 우리가 흉적(凶賊)을 죽이려고 한 것은 다른 사람과 다르다. 붓으로는 그들이 만세(萬世)동안 죽일 놈으로 이어질 것이며 일시적으로 죽일 놈에 그치지 않을 것이다.

〔문〕 능주의병(綾州義兵)[55] 중에서 체포된 양회일(梁會一)[56]의 공초(供招) 안에서 '이광선(李光善)[57]이 송사(松沙)의 뜻을 전하고 함께 모의하여 거사하였는데, 내가 비록 송사는 알지 못하지만 대개 송사의 기풍은 듣고 있는 사람이다.' 송사가 말하기를 '일이 두서가 잡힌 후에는 내가 당연히 용기를 내어 갈 것이다.'고 하였는데 과연 그 말과 같이 하였습니까?

〔답〕 내가 그런 의기(義氣)는 있지만 지금은 힘이 없고 이곳은 또 얼마나 위험한 곳인데 내가 먼저 나서지 않고 남을 시켰겠느냐? 설사 시켰다고 해도 사람이 내 말을 따랐겠느냐? 내가 거의하는 날은 그날이 따로 있으며 이와 같이 하는 일은 내가 할 일이 아니다.

그 후 송사는 광주에서 서울의 사령부로 압송되었는데 정미년(1907) 4월이었다.

〔문〕 오랫동안 큰 명성을 들어와 한 번 뵙기를 원했는데 오늘 신문하는 장소에서 접견하니 평일에 사모하는 본의가 아닙니다. 비록 그러하지만 이것은 국정(國政)에 관계된 일이므로 안심하시고 응해주시기 바랍니다.

〔답〕 늙어서 감옥에 들어와 죽지 않는 것이 욕이 되는 일이다.

|54| 기산도(1878-1928) : 전남 장성 출신, 1896년 장성의병에 가담한 기재의 아들이자 고광순 의병장의 사위. 1906년 매국노 이근택 처단 주도, 1920년에 임정의 독립자금 모금활동 전개, 독립장 추서.

|55| 양회일이 주도한 쌍산의소를 의미한다.
|56| 양회일(1833-1908) : 전남 화순 출신, 1907년에 쌍산의소의 이름으로 의병을 일으킴. 1908년에 다시 거의를 도모한 혐의로 체포되어 순국. 『행사실기』가 전하며, 애국장 추서.
|57| 이광선 : 인적사항은 알 수 없음, 양회일이 주도한 쌍산의소 적극 참여, 현재 미서훈자.

45

장성향교

〔문〕죄 없이 감옥에 가는 것은 공자(孔子)의 제자도 면하지 못하였으니 너무 과히 혐오하지 마십시오.

〔문〕강상원(康相元) 등 여러 사람이 5대신을 암살하려고 하다가 일이 발각되어 체포되었는데 그들의 공초에 '지참봉(池參奉)이 장성의 기산림(奇山林)과 모의하여 장사 몇 십 명을 보내 함께 일을 해야 한다.'고 하였는데, 존장의 이름이 이미 그 공초에 나와 있으므로 숨기지 마십시오. 이런 일이 있으므로 노인을 먼 길에 오시도록 하여 극히 민망하지만 저 사람이 과연 음모하는 일이 있고 장사를 보냈다고 하였으니 과연 이런 일이 있었습니까?

〔답〕강상원과 지참봉이 와서 음모했는지는 내가 기억이 나지 않지만, 만일 그 분들이 와서 음모를 하였다면 나는 반드시 5적(五賊)을 살해하는 것이 옳다고 하였을 것이고, 또 자원(自願)할 장사가 없다면 그만이지만 있었다면 나는 반드시 의사(義士)이며 장사라고 하였을 것이다.

고산서원

47

〔문〕 단 꿀은 벌이 모여들고 교목(喬木)은 아래에서 우러러 보는 것
이며 중망(重望)이 있는 곳에는 무슨 일이 있으면 사람을 끌어
들이는 것은 옛날부터 그렇게 하였습니다. 지참봉 이외에 또
황도사(黃都事)가 문하(門下)에 왔던 일이 있습니까?

〔답〕 이것도 기억이 나지 않는다.

〔문〕 한번 잘 생각해 보십시오. 그가 왔다고 해서 존장에서 누가 되
는 일은 아닙니다.

〔답〕 나는 오지 않았다는 것을 말한 것이 아니라 특히 내 기억이 나
지 않는다는 것이다.

이로 인하여 소리를 높여 말하기를

〔답〕 너희는 내가 지난날 광주와 영광에 있을 때 말한 공사(供辭)가
모두 사실인데 지금 어찌 이같이 심한 욕을 보이느냐? 내가 하
고 싶은 일은 이토 히로부미(伊藤博文)의 살점을 뜯어먹는 것
이 통쾌한 일이지만 힘이 미치지 못하여 마음이 죽고 싶을 뿐
이니 너희가 이것을 가지고 나에게 죄를 씌운다면 나는 할 말
이 없다.

그들은 아무 말을 하지 않고 돌아갔는데 곧 수감되었던 송사를
석방하여 보내면서 말하기를 "이미 지나간 일은 그만이지만 혹 다
시 뵈올 날이 있겠습니까?"라고 했다. 송사는 웃으며 말하기를 "만
약 하늘이 우리 한국에 복을 내린다면 한바탕 모여서 사냥할 날이
반드시 있을 것이니 그때 서로 볼 수 있을 것이다."라고 하였다.

기우만 奇宇萬

· 奇宇萬 |『念齋野錄』乾, 卷之三

奇宇萬 字會一 號松沙 幸州人
也 丙午十月 公被執 就光州府 其問對草 以爲彼問公姓名 出於義兵
逮捕人白樂九供招 果有指使否 答曰 吾與白樂九 雖無面識 義則同
心則同 旣爲心同義同 則不指亦指 不使亦使 樂九之引我爲指使 非
妄也 非但樂九 使擧國之人 有此擧 而謂我指使 亦無不可 但無實效
而取虛名 亦足羞也 問曰 國讎未復 尙今戴白 義心足尙 旣有此意 則
于今十餘年 何無一場起事 春間崔勉菴之擧事 又不與偕何耶 答曰
據春秋之義 賊不討則不書葬 葬不書則服不除 至今戴白 以寓薪膽之
義者十許年 年有十二月 月有三十日 日有十二時 無一念不在於討復
手裏雖無寸鐵 胸中常有萬甲 聞江聲 思拂鐵衣而東征 見山木 願作
疑兵而逐虜 將用卞莊子雙虎之術 徐整義旅 乘時而動 或先或後 各
有所見矣

丁未三月 松沙又見押逮 囚靈光郡 彼問曰 康相元知之乎 答曰 不
知 彼曰 此等人 近日謀殺五大臣 而不中 被執口招 以爲長城奇山林
號松雪 指使云 果然乎 答曰 我居光州 何謂長城 我非山林 何謂山林
我號松沙 何謂松雪 彼曰 此地有何他山林乎 終不實告 則必押京部
事目浩大 豈非念慮乎 答曰 五賊孰不欲殺之 春秋所謂人人得以誅之
者也 吾於擧事諸人 謀不同而心則同 彼若謀及 則吾不如何應答 而

光府逮囚三朔 旱病而歸 養病遮日山中 又爲三朔 未見生客 彼曰 五
大臣 何以謂賊乎 答曰 先王彊土 擅許與人 此非逆賊乎 爾國雖曰忠
臣 而我國則大逆也 彼曰 凌侮大臣 語不擇發 參謀與否勿論 不可無
勘 答曰 東漢黨錮 有恥其不參也 自靈光移到光州滯囚矣 彼問曰 學
問秀出南州 旣已聞之 弟子有幾人 答曰 余學不足爲師 豈有弟子 彼
曰 假量有幾人 答曰 君子之道 來者不拒 去者莫追 今日有明日無 今
日無明日有 今何可指數乎 彼曰 弟子中 不勝國憂者 有之乎 答曰 朝
鮮人 人孰無國憂 而必吾生徒爲然也 彼曰 子有山度乎 答曰 族子而
非親子也 彼曰 其人謀殺五大臣 有壯士幾人起送之事乎 答曰 吾之
所以誅凶者 異於人 而筆下以行萬世之誅 非但一時之誅殛而已 彼曰
綾州義兵 就捕人梁會一 供招內 李光善傳松沙之意 而同謀義擧 吾
雖不識松沙 而蓋聞松沙之風者也 松沙之言曰 事待就緒後 吾當勇赴
云 果如其言乎 答曰 吾嘗有其義 而今則無其力 且此何等危地 而不
身先之 使人爲之乎 雖使之 而人其從之乎 吾之義擧 自有其日 如此
所爲 非吾所爲也 自光州押上京部 丁未夏四月也 彼曰 久聞大名 已
有願見 今乃接見於訊問之場 大非平日景仰之本意 雖然此係國政 請
安心接應 答曰 老入牢獄 不死爲辱 彼曰 非罪縲絏 孔門高弟 亦所
未免 勿自過慊因 問曰 康相元諸人 欲暗殺五臣 事覺被捕 供招云 與
池參奉謀於長城奇山林 壯士幾十名 當送與共事云 尊名旣出其招 不
可遂隱 至有此擧 老人遠役 極可悶然 彼果有謀及 而壯士許給亦果
有其事否 答曰 康相元池參奉之來謀與否 吾不能記得 然如果有來謀
則吾必曰殺五賊可也 又無壯士自願者則已 如有之則吾必曰 義士也
壯士也 彼曰 有甘蜜則群蜂附之 有喬木則在下仰之 望重之地 有事
援引 自古伊然 池參奉之外 又有黃都事及門乎 答曰 此亦記不得 彼
曰 請念之 其來不足爲尊累 答曰 吾非曰不來 特吾記不得 仍厲聲曰
爾輩旣見我向日在光州靈光時 擧供而悉實矣 又何辱之甚也 余之所
欲爲者 啗博文之肉大快 而力不從 心欲死而已 爾輩以此 罪我則我
無所辭 彼默然還 囚尋放送曰 旣往已矣 或有得見之日乎 答曰 天若
祚宋 一場會獵 必有其日 于時相見云

04

김봉규 金鳳奎

· 『송사선생문집습유』권3, 「호남의사열전」

　　김봉규[58]는 자가 공삼(公三)
이고, 본관은 김해이다. 키가 크고 수염이 있었다. 가협산(加峽山)
외딴 곳에서 살아 이름을 아는 이가 적었으나 강개하고 기절(氣節)
이 있었다. 성재 기삼연이 적을 토벌하여 원수 갚을 뜻이 있음을
알고 서로 왕래하며 은밀히 의논하고 뜻 있는 선비들에게 연락하
여 때를 기다렸다. 성재가 일을 시작하자 의병과 무기를 조달하는
데 많은 도움을 주었다. 성재는 전부터 그가 쓸모 있는 인재임을 알
고 군무를 맡겼으나 공삼이 사양하며 말하기를 "저는 가문이 한미
하여 높지 못해 믿지 않아서 백성이 따르지 않을 것입니다.[59] 모든
일을 보좌하는 데 있어서는 저의 힘이 미치는 데까지는 비록 죽어
도 사양하지 않겠습니다."하였다. 적세를 정탐하고 의병과 백성들
을 권면하고, 무기를 모으고 계속 군량을 대는 일에 한 마음으로 협
력하니 성재에게 좌우의 손과 같았다.

　　성재가 해를 당하자 의병들이 흩어져 달아났다. 이에 공삼이 말
하기를, "내가 맡지 않으면 큰 일이 안 되겠다. 집과 국가의 계책은
어찌 하겠는가. 성재 의병장의 원수는 어찌 하겠는가."하니, 여러
사람이 추대하여 의병장으로 삼았다. 공삼은 성재가 세운 규율을
그대로 따르며 의병들을 크게 모아 맹세하고 고하기를 "오늘날의

[58] 김봉규(1865?-1910) : 흔히 김
공삼으로 부름, 호남창의회맹소 활
동, 박경래 의병장과 연합의진을 형성.
1909년 체포되어 순국, 애국장 추서.

[59] 높지……것입니다 : 《중용》 제
29장에 "하언자는 비록 선하나 지위
가 높지 못하고 높지 못하기 때문에 믿
지 않으며 믿지 않기 때문에 백성이 따
르지 않는다.〔下焉者 雖善不尊 不尊
不信 不信民弗從〕"라 하였는데, '하
언자'에 대해 주자는 지위를 얻지 못한
낮은 신분의 성인을 가리킨다고 하였
다.

김봉규 의병장

모든 의병은 누가 기삼연 의병장과 죽음을 같이하기를 약속하지 않았던가. 기삼연 의병장이 참혹하게 화를 당하였는데도 복수할 계획을 하지 않으면 어찌 의(義)를 같이한다 하겠는가." 하니, 모두 '예 예' 하며 동의하였다.

드디어 기삼연 의병장의 위패를 모시고 통곡하며 흰옷을 입고 의병활동을 전개했다. 박도경(朴道京)에게 포사장(砲士將)의 직책을 맡기고, 두 사람이 합심하여 서로 의논하기를 "무릇 일은 합하면 강하고 나누면 약합니다. 지금 의사들의 봉기를 보면 모두 의병이 천 명이 되지 않고, 총은 백 자루가 넘지 않습니다. 마땅히 일제히 알리어 한 곳에서 회맹(會盟)하여 한 마음으로 힘을 합쳐야 합니다. 이렇게 하면 성공하고, 이렇게 하지 않으면 패하게 됩니다." 하였다. 이에 각진(各陣)에 통문을 보내어 날짜를 정해 일제히 모이게 하였다.

무릇 여러 진에서 이름만 의병이라 빙자하면서 사리(私利)를 구하는 자는 모두 오지 않았다. 오직 김영엽(金永曄)만이 먼저 도착하여 "이것은 나도 이전부터 계획한 것입니다."하였다. 가협에 모여서 소를 잡고 술을 마련하여 음악을 연주하며 즐거워했다. 음식을 절반쯤 먹었을 무렵 문득 서로 슬피 울며 말하기를 "오늘 일은 의병과 백성의 마음을 진정시키기 위한 것이나 술을 마신들 목으로 넘어가고, 음악을 연주한들 귀에 들리겠습니까." 하였다. 이로부터 일이 있으면 합진(合陣)하고 일이 없으면 분진(分陣)했는데, 기일을 정하여 모이거나 흩어졌다. 병기와 군용을 충실히 하여 광산(光山)을 무찌를 계책을 세웠으나 김영엽이 유종여(柳宗汝)[60]에게 죽임을 당하였다. 대개 종여란 자는 무뢰배(無賴輩)들을 의병이라고 모아서 재물을 탐하고 색을 좋아하며 잔혹하기가 비할 데 없었다. 김영엽 의병장이 여러 번 의리로써 타일렀으나 유종여는 그를 미워하였다. 김영엽이 고군(孤軍)을 이끌고 백암사(白岩寺)[61]에 들어가자 뒤쫓아 가서 그를 죽였다.

공삼(公三)이 의병들에게 맹서하기를 "김영엽 의병장이 의리를 지킴이 명백하다는 점을 우리가 모두 아는 사실이다. 그런데 예측

|60| 유종여(미상-1909) : 전북의 순창 정읍, 전남의 담양 장성 등지에서 활동한 의병장, 애족장 추서.

|61| 전남 장성과 전북의 정읍 순창 경계에 있다.

52

치 못한 화를 당했으니 이것은 우리 의병이 반드시 갚아야 할 원수이다.” 하고, 의병을 이끌고 손룡산(巽龍山, 장성)으로 들어갔다. 회의를 한다는 편지를 보내어 유종여가 이르자 그를 결박하고, 먼저 총을 쏜 자와 칼을 휘두른 자 두 명을 베어 죽였다. 장차 유종여의 죄상을 제시하여 모든 의진(義陣)에 돌려 알린 후 그를 죽이려 했는데 진중에 개인적으로 연관된 자가 있어서 밤에 결박을 풀어 도망시켰다.

장성으로 의병을 돌려 장차 사졸들을 훈련시키면서 오래 머물며 근거지를 견고히 한 후 출진하여 적과 응전할 계획이었다. 얼마 뒤에 조경환[曹京煥][62], 김준(金準)이 서로 잇따라 어등산(魚登山)[63]에서 순국하자 제진(諸陣)이 흩어지거나 도망해 숨으니 형세가 더욱 위태롭고 약해졌다. 그런데 적의 세력은 날로 치성하여 주재(駐在)하는 병참(兵站)이 별처럼 많고 바둑돌처럼 늘어서 있었다. 주민들을 강제로 징발하여 산과 들을 샅샅이 뒤지니 어찌할 방법이 없어 마침내 공삼은 박도경과 함께 앞뒤로 붙잡혔다. 수없이 신문(訊問)을 받았으나 의기(義氣)는 더욱 매서웠고 꾸짖는 혀(舌)가 더욱 굳세었다. 왜적도 의롭게 여겨 술과 찬을 주며 위로하였으나 물리치고 받지 않으며 “나는 네놈들의 고기를 먹고 네놈들의 가죽을 벗겨서 깔고 잠자려 하였으나 일이 어그러졌다. 도리어 네놈이 주는 술과 찬을 먹고 마시며 하루라도 살기를 바라겠느냐.”하였다.

광주로 압송되었다가 다시 광주에서 대구로 옮겼다. 적이 “머리를 숙이면 용서해 주겠다.”고 회유하자, 크게 꾸짖기를 “본국의 신민(臣民)으로 국가가 망하는 것을 보고 의병을 일으켜 나라를 찾으려고 하였으니, 이것은 천지간의 바른 도리이다. 어찌 나의 당당한 의(義)를 굽혀서 개, 염소의 무리에게 살려 달라고 애걸한단 말이냐. 한 번 죽을 뿐이다. 속히 나를 죽여라. 나는 마땅히 사나운 귀신이 되어 적을 모조리 죽이리라.” 하였다. 적들은 서로 혀를 내두르며 의사(義士)라고 칭했다. 마침내 공삼을 처형하여 성 밖에 묻었다. 모양(牟陽, 고창)의 인사들이 돈을 각출하여 고향으로 옮겨 장사지냈다.

|62| 원전에 ‘조(趙)’라고 되어 있으나, ‘조(曹)’가 맞다.
|63| 광주광역시 광산구 운수동 일대에 있는 산.

金奉奎宇公三金海人身長有鬚辮處加峽山中少所知
名而慷慨有氣節知奇省齋有討復之意相從逐密議延
攬有志之士以為待時應用及省齋始事軍伍械仗多所
周章省齋素許其有用之才委以軍務辭不許曰吾地微

不尊不信而民不從若其資畫諸務尚吾力所及則雖死
不辭凡慎探賊勢勸起兵民收聚兵器繼續軍餉一心齊
力於省齋岩左右手及省齋過害士卒散乢乃曰吾不自
擔分大軍不成家國之計奈何省將之譽丞何眾推為將一
遭何大軍不成家國之計奈何省將之譽丞何眾推為將二人
唯唯相與謀曰凡事合則強分則弱見今義士峰起而皆
同心相與為位痛哭縞素行軍委朴道京為砲士峰起而皆
以同死約奇將遇裼孔酷不為復讎之計安在其同義眾皆
卒不滿千乭不滿百當一齊通告會盟於一處乢為同心
合力如此則成乃馳書各陣定日齊會而凡
諸陣之名義而濟私者皆不至獨金永曄先至曰此吾風

算會于加峽殺牛置酒作樂為歡殆半餉忽相與悲泣曰
今日之事為鎮軍民之心置酒而下咽作樂而以耆光山
是有事則合無事則分刻期收散邑機窩與軍用以耆光山
計而金永曄為柳宗汝所害蓋宗汝收卒與賴董貪財
好色殘酷無此金將彊諭以義柳甚之乘其孤軍入白巖
寺騙裼後不測此吾軍之所必報者也領兵入朶龍山中貼書
而遇裼不測此吾軍之所必報者也領兵入朶龍山中貼書
會議至則縛縊之先斬其發砲試劍者二人將斬其罪輪
告諸義軍而殺之同陣有有私者夜解縛失之還軍長城
將鍊習士卒海留日月為固其窟宅出而應敵之計居無
何趄　金準相繼徇死於魚登山諸陣或散或竄勢益

孤弱而賊勢日熾駐在兵站星羅碁置勤發居民窮山索
野計無如何遂與朴道京後先就捕窮詰無戲而義氣愈
列罵古愈勤賊亦義之給酒餞而慰藉之卻之不受曰我欲
食汝肉而寢汝皮事不諧矣反食飲浹酒餞以圖一日之
生子押送于光州自光移大邱賊諭以屈首當相賞大罵
日本國臣民見宗社之危乢舉義圖復目是天之經地之
義豈可屈吾堂堂之義之懍大羊之羣乎一死而己速殺
我我當為厲鬼殲賊矣賊徒相與掉舌而竟害之
藁殯於城外年陽人士出醵金返藥於故山

『송사선생문집습유-김봉규』

54

김봉규 金鳳奎

· 『松沙先生文集拾遺』卷三, 「湖南義士列傳」

金奉奎 字公三 金海人 身長有
鬚 僻處加峽山中 少所知名 而慷慨有氣節 知奇省齋有討復之意 相從
逐密議 延攬有志之士 以爲待時應用 及省齋始事 軍伍械仗 多所周章
省齋素許其有用之才 委以軍務 辭不許曰 吾地微不尊不信 而民不從
若其贊畫諸務 苟吾力所及 則雖死不辭 凡偵探賊勢 勸起兵民 收聚兵
器 繼續軍餉 一心齊力 於省齋 若左右手 及省齋遇害 士卒散亡 乃曰
吾不自擔夯大事不成 家國之計 奈何 省將之讐 奈何 衆推爲將 一遵何
約 大會士卒 作誓告戒曰 今日諸義兵 孰非與奇將約以同死 奇將遇禍
孔酷 不爲復讐之計 安在其同義衆 皆唯唯 逐與爲位痛哭 縞素行軍 委
朴道京爲砲士將 二人同心 相與謀曰 凡事合則强 分則弱 見今義士蜂
起 而皆卒不滿千 砲不滿百 當一齊通告 會盟於一處 以爲同心合力 如
此則成 不如此則敗 乃馳書各陣 定日齊會 而凡諸陣之名義而濟私者
皆不至 獨金永曄先至曰 此吾夙算 會于加峽 殺牛置酒 作樂爲歡 殆半
餉 忽相與悲泣曰 今日之事 爲鎮軍民之心 置酒而下咽 作樂而入耳乎
自是有事則合 無事則分 刻期收散邑機器與軍用 以屠光山計 而金永
曄爲柳宗汝所害 盖宗汝者 收卒無賴輩 貪財好色 殘酷無比 金將屢諭
以義 柳慧之 乘其孤軍入白巖寺 躡後而害之 公三誓衆曰 金將處義明
白 吾儕所共知 而遇禍不測 此吾軍之所必報者也 領兵入巽龍山中 貽

書會議 至則縛絏之 先斬其發砲試劍者二人 將數其罪 輪告諸義陣而
殺之 同陣有有私者 夜解縛失之 還軍長城 將鍊習士卒 淹留日月 爲固
其窟宅 出而應敵之計 居無何曺□□金準 相繼殉死於魚登山 諸陣或
散或竄 勢益孤弱 而賊勢日熾 駐在兵站 星羅碁置 勤發居民 窮山索野
計無如何 遂與朴道京 後先就捕 窮詰無數 而義氣愈烈 罵舌愈勁 賊亦
義之 給酒饌而慰藉之 却之不受曰 我欲食汝肉而寢汝皮 事不該矣 反
食飲汝酒饌 以圖一日之生乎 押送于光州 自光移大邱 賊諭以屈首當
相貸 大罵曰 本國臣民 見宗社之危亡 擧義圖復 自是天之經 地之義 豈
可屈吾堂堂之義 乞憐犬羊之輩乎 一死而已 速殺我 我當爲厲鬼殲賊
矣 賊徒相與掉舌稱義士 而竟害之 藁殯於城外 牟陽人士 出醵金 返葬
於故山

05

김영엽 金永燁

• 『송사선생문집습유』권3, 「호남의사열전」

김영엽[64]은 자가 여회(汝晦)
이고, 호는 치재(痴齋)이며, 본관은 광산(光山)이다. 관산(冠山)의
세가(世家)로 대대로 문학과 행실을 갖추고 있었다. 일찍부터 공부
에 뜻을 두고 이름난 선비들을 찾아 교유하였고, 나에게 다닌 지 여
러 해였다. 시속(時俗)을 아파하여 항상 불에 타는 이를 구제하고
물에 빠진 이를 건지고자 하는 뜻이 있었다. 전에 이학(異學)의 무
리가 정도(正道)를 능멸하는 것을 보고 수판(手板)으로 그를 때렸는
데, 그 사람이 오랜 뒤에 병으로 죽자 치재에게 혐의를 씌우므로 원
수를 피해 나에게 와서 일 년 남짓 머물렀다.

5적[65]이 나라를 팔아먹자 분통함을 스스로 이길 수 없었다. 마침
내 의병이 일제히 일어나자 각 의진(義陣)에 출입하면서 계획을 도
왔다. 신창학(申昌學)[66]이 복흥산에서 의병을 일으켰는데 다른 여
러 진(陣)에서는 약탈과 폭행을 일삼으나, 오직 신창학 의진만이 군
율이 엄정하여 백성들이 안도한다는 소문을 듣고 그곳으로 달려갔
다. 뜻과 기절(氣節)이 서로 맞아서 치재에게 군무(軍務)를 위임하
며 신창학이 말하기를 "나는 의병을 통솔할 재주가 없소. 특별히 의
기로 일어났을 뿐이오. 의병과 군량, 무기를 모으는 모든 일은 내가
마땅히 계속할 것이니, 의병활동과 적을 제압하는 일은 그대가 맡으

[64] 김영엽(1869-1909) : 전남 장흥
출신. 처음에 신창학 의진 참여, 1908
년이후 호남창의회맹소의 김공삼 박
도경 등과 연합의진 형성. 주민 보호에
힘쓰다가 유종여 의진에게 희생, 애족
장 추서.

[65] 원전에 '오적(吾賊)'이라 되어 있
으나, 문맥상 '오적(五賊)'의 오기로
보인다.

[66] 신창학(1868-1910) : 흔히 신보
현으로 부름. 전북 순창 출신, 애족장
추서.

시오." 하고 치재에게 의병 대부분을 내주었다. 가는 곳마다 재물을 약탈하여 얻지 않았다. 민간에서는 바야흐로 이름만 의병인 자들로 인해 고통스러워했다. 사욕을 채우는 자들은 재물을 탐하고 백성을 학대하므로 백성들이 안심하고 살 수가 없었다. 김영엽이 홀로 위로하고 어루만지니 다른 진이 올 때에는 모두 거절하다가도 치재의 의병이 온다는 것을 들으면 모두 술과 찬을 장만하여 환영하고 위로하였다.

성재 기삼연이 해침을 당하자 김공삼(金公三)과 박도경(朴道京)이 본진을 다시 수합하여 모든 진과 힘을 합할 것을 도모하였다. 치재가 흔연히 달려가서 말하기를 "이것이 바로 나의 계획이오." 하고, 함께 약속을 잡고 계책을 정하였다. 대개 형세가 급하면 합진(合陣)하고, 완화되면 분진(分陣)하기로 하며 각자 의병을 모을 계획을 세웠다. 모두 말하기를 "공은 의기가 명백하고 말이 정확하니 각 진에 가서 이 계책을 전하여 한 마음으로 힘을 모아 함께 이 난국을 구제합시다."하였다. 이르는 곳마다 모두 이름을 듣고 흠앙하기를 "어찌 이렇게 늦게야 우리가 서로 만났단 말입니까."하며 일언지하에 수락하였다. 그러나 재물을 탐하고 사욕을 채우는 자는 모두 보기를 원치 않았다.

마침 치재는 진중에서 전해산(全海山)을 만났는데 이제 막 적의 뒤를 밟아 행군하는 중이어서 기꺼이 함께 활동을 하기로 하였다. 대치(大峙)에서 일전을 치르는데 총알을 피하지 않았으며, 그 부지런함과 수고로움을 같이 했는데, 밥을 나르고 물을 기르는 것까지 몸소 행하니 사졸들이 모두 심복하였다. 유종여는 억지로 붙들려 그 위태롭고 괴로운 것이 싫어 치재에게 앙심을 품었다. 또 그의 제약으로 탐학을 제 맘대로 행하지 못하므로 더욱더 눈엣가시처럼 여겨 밤중에 달아났다.

김영엽은 홀로 전해산과 함께 남쪽으로 갔다. 자은촌(自隱村)에 이르러 적을 만나 크게 이기고 분진(分陣)하기로 하며 돌아왔다. 전해산의 의병 중에서 김영엽을 따르기를 원하는 자가 많았으나 모두 허락하지 않으며 "의(義)를 함께 하고 일을 같이 하는데 네 군사 내 군사가 없다. 또한 전해산 의병장은 계책과 모략이 많아서 장수가 될 만하니 생사를 의탁할 만하다."하였다.

이윽고 돌아오니 12월이었다. 의병 사졸들을 흩어 보내며 "각자 집에 돌아가서 가족들과 설을 쇠라. 설을 쇤 후에 마땅히 은밀하게 기별이 있을 것이니 다시 모여라."하였다. 김영엽은 나(기우만-편역자)에게 와서 설날 아침을 보내고 의병을 모으기 전에 신창학 의병장을 만나기 위하여 장차 순창 산중으로 갔다. 마침 유종여의 의병을 만났는데 치재를 꺼리어 동네에서 탐학을 부리지 않았다. 주민들이 치재가 오는 것을 보고 모두 환영하며 호소하였다. 이에 유종여의 의병을 잡아서 곤장을 치고는 그 총과 칼을 빼앗으며 "이 물건들로 왜적을 막아 위로는 임금을 위하고, 아래로는 백성을 위하려는 것이다. 그런데 도리어 총칼을 가지고 백성에게 포학을 부려 왜적이 이르기를 기다리지 않아도 백성이 편안히 살 수 없게 되었으니, 옳으냐? 나는 이제 백암(白岩)으로 들어가니 돌아가서 너희 의병장에게 알리어 한 번 와서 만나보고 너희의 잘못을 간절히 빌면 마땅히 기쁘게 내어 줄 것이다."하였다. 유종여가 평소 앙심을 품고 있던 차에 치재가 무방비함을 틈타 쫓아 와서 행패를 부렸으며 끝내 치재가 해침을 당하였다. 주민들이 모두 모여서 통곡하기를 친척이 죽은 것처럼 슬퍼하였고, 지금까지 그를 말할 때면 눈물을 흘린다. 김공삼과 박도경이 치재의 변고를 듣고는 손룡산(巽龍山)[67]으로 행군하여 직접 하수인 두 사람을 총살했으나 유종여는 놓쳐버렸다. 신창학 의병장이 선봉을 시켜 유종여의 뒤를 밟아서 총살하여 그 원수를 갚았다.

김영엽의 부인 백씨(白氏)가 그 남동생과 함께 참변을 듣고 왔다. 내가 관을 마련하여 염을 하며 관 위에 '호남의사치재김공지구(湖南義士痴齋金公之柩)'라고 써서 고향 선산에 반장하게 하였다. 처음 해침을 당했을 때 사람을 보내어 시신을 거두어 매장하려 하였는데 도착해 보니 신창학 의병장이 이미 산 밖에 초빈(草殯)하여 두었다.

|67| 전남 장성군 북하면 일대에 있는 산.

金永爀字汝駿號痴齋光山人冠山世家世有文行早知
勿從知名士友從余遊有年傷時病俗常有救焚拯溺之
意嘗見異學之氓員以手板擊之其人久後病死致嫌於痴
齋避仇來寓年餘會吾賊實國忿恍不自勝及義兵齋發出
入各陣貢愚贊畫聞申昌尊起兵於福興山中諸陣侵爆
粮藉而獨令居民安堵往赴之志氣相孚委軍務
曰吾無制衆之才將以氣義而發聚軍聚粮械仗諸凡吾
當繼續行軍制敵可自任子之軍太半所向無得侵掠
民聞方苦名義而辭私者貪財虐民不聊生獨撫綏慰
藉他陣之來亦皆拒却聞痴齋軍至皆備酒饋遠及省
齋遇害金公三朴道京收聚本陣為諸陣合力之謀欣然

往赴曰是吾宿筭與之立約定計策以有急則合緩則分
為各自聚軍之計皆曰公氣義明白言語精確可往各陣
為畫此策使之一心共濟報難所至皆聞名欲景曰
何相見之晚也言下唯唯而貪財營私者皆不願見及見
全海山於軍門方彌賊行軍樂與之同事一戰於大峙不
避砲先同其勤勞傳餐汲水身自行之士卒皆歸心而柳
宗汝為所牢止悶其危苦狀快夜遁逃獨與海山南行不
得恣行貪暴尤以為眼釘乘夜遁逃獨與海山南行不
隱村舍遇賊尤同事軍無爾乃分陣而還海山軍多籌畧
許曰同義同事軍無爾我且全將多籌畧可將生死可伏
旣還歲暮分散士卒曰各歸其家室家守歲歲後當有密

奇可復聚也來余經歲朝未及聚軍而為見申將將入淳
峽適見宗汝軍東痴齋而不至虐於里落居民見其至皆
呼訴歡迎乃發捕宗汝軍杖之奪其砲劍曰此物欲以禦
賊上而為君下而為民而反以之虐民不待寇賊之至而
民不聊生可乎吾方入白巖歸告汝將一來相見懃其無
狀則當歡然出給矣宗汝素抱快快乘其無備追至行悖遂
遇害居民皆蒼黃會哭如悲親戚至今言之猶隕淚金公
三朴道京聞變行兵吳龍山中砲殺手犯二人白氏與其男
申將使先鋒彌其後砲殺而報其讐其夫人白氏
弟聞變而來吾為之具棺歛棺工書湖南義士痴齋金公
之柩使返葬於故山其始遇害送人為收埋計至則申將

業已藁殯於山外矣

『송사선생문집습유-김영엽』

60

김영엽 金永燁

· 『松沙先生文集拾遺』卷三, 「湖南義士列傳」

金永燁 字汝晦 號痴齋 光山人
冠山世家 世有文行 早知劬從知名士友 從余遊有年 傷時病俗 常有
救焚拯溺之意 嘗見異學之蔑貞 以手板擊之 其人久後病死 致嫌於
痴齋 避仇來寓年餘 五賊賣國 忿惋不自勝 及義兵齊發 出入各陣 貢
愚贊畫 聞申昌學起兵於福興山中 諸陣侵暴粮藉 而獨令行禁止 居
民安堵 往赴之 志氣相孚 委軍務曰 吾無制衆之才 特以氣義而發 聚
軍聚粮械仗諸凡 吾當繼續 行軍制敵 公可自任 予之軍太半 所向無
得侵掠 民間方苦名義 而濟私者 貪財虐民 民不聊生 獨撫諭慰藉 他
陣之來 亦皆拒却 聞痴齋軍至 皆備酒饌迎勞 及省齋遇害 金公三 朴
道京 收聚本陣 爲諸陣合力之謀 欣然往赴曰 是吾宿算 與之立約定
計 橥以有急則合 緩則分 爲各自聚軍之計 皆曰 公氣義明白 言語精
確 可往各陣 爲盡此策 使之一心齊力 共濟艱難 所至皆聞名欽景曰
何相見之晚也 言下唯唯 而貪財營私者 皆不願見 及見全海山於軍門
方躡賊行軍 樂與之同事 一戰於大峙 不避砲丸 同其勤勞 傳餐汲水
身自行之 士卒皆歸心 而柳宗汝爲所牢止 悶其危苦 快快於痴齋 而
又爲其所拘 不得恣行貪暴 尤以爲眼釘 乘夜遁逃 獨與海山南行 至
自隱村舍 遇賊大破之 乃分陣而還 海山軍多願從者 皆不許曰 同義
同事 軍無爾我 且全將多籌略 可將 生死可仗

旣還歲暮 分散士卒曰 各歸其家 室家守歲 歲後當有密奇 可復聚也
來余經歲朝 未及聚軍 而爲見申將 將入淳峽 適見宗汝軍 棄痴齋而不
至虐於里落 居民見其至 皆呼訴歡迎 乃發捕宗汝軍杖之 奪其砲劒曰
此物欲以禦賊 上而爲君 下而爲民 而反以之虐民 不待冦賊之至 而民
不聊生 可乎 吾方入白巖 歸告汝將 一來相見 懇其無狀 則當歡然出
給矣 宗汝素抱怏怏 乘其無備 追至行悖 遂遇害 居民皆聚會痛哭 如
悲親戚 至今言之 猶墮淚 金公三 朴道京聞變 行兵異龍山中砲殺手犯
二人 而失宗汝 申將使先鋒 躡其後砲殺而報其讐 其夫人白氏 與其男
弟 聞變而來 吾爲之具棺斂 棺上書 湖南義士痴齋金公之柩 使返葬於
故山 其始遇害 送人爲收埋計 至則申將業已藁殯於山外矣

06

김용구 金容球

· 『송사선생문집습유』권3, 「호남의사열전」

김용구|68|는 상산인(商山人)으로 자가 유성(有聲)이고, 호는 후은(後隱)이며, 송사(松沙) 기우만(奇宇萬)의 문인이다. 지기(志氣)가 강개(慷慨)하여 성재와 더불어 은밀히 국사를 도모하여 무기를 운반해 두었다가 일이 누설되어 성공하지 못하였다. 다시 수연산(隨緣山)|69|에 들어가 여러 의사들을 모아 놓고 피를 뿌리며 단에 올라 하늘과 땅에 맹서하고 알렸다. 성재 기삼연은 대장이 되고, 공은 통령(統領)이 되었다.

담양 금성으로 들어가서 왜적과 싸우다가 불행히도 형세가 궁하여 성재가 화를 당하자 흩어진 의병을 모아 통곡하고 상복을 입게 하였다. 장성 탑정(塔亭)|70|으로 들어갔다가 패하자 군무를 박경래(朴慶來)에게 부탁하고, 고창 방장산(方丈山)|71|에 들어가 병을 치료하였다. 금산(錦山)에 들어갔는데, 고종(高宗)이 빈천(賓天)|72|한 것을 듣고 독약을 마시고 죽었다. 아들 기봉(起鳳)은 안치(鞍峙)|73|전투에서 총탄에 맞아 죽었다. 성재가 글을 짓기를 충과 효가 세상에 드물다 하였다.

김용구 의병장

|68| 김용구(1862-1919) : 전남 영광 출신, 기우만 문인. 1907년 후반 호남 창의회맹소의 통령으로 활동하다 부상을 당해 박도경에게 군권 위임. 『후은 김선생신담록(後隱金先生薪膽錄)』이 전하며, 독립장 추서.

|69| 수연산(隨緣山, 543미터) : 전남 장성군 동화면 서양리에 있으며, 흔히 수련산으로 불림. 원전에 '수련산(秀蓮山)'이라 되어 있으나, '수연산(隨緣山)'의 오자, 이 산의 석수암에서 호남 창의회맹소 결성.

|70| 전남 황룡면 와우리에 있는 마을.

|71| 전북 고창군 신림면 가평리 일대에 있는 산.

|72| 빈천(賓天) : 하늘에 손님이 되었다는 뜻으로 존귀(尊貴)한 사람의 죽음을 이르는 말인데, 임금의 승하를 가리킨다.

|73| 전북 고창군 흥덕면에 있는 고개.

김용구 金容球

· 『松沙先生文集拾遺』卷三, 「湖南義士列傳」

金容球商山人 字有聲 號後隱
松沙奇宇萬門人 志氣慷慨 與省齋 祕謀國事 運置兵器 事泄而不成
再入秀蓮山 會集諸義士 灑血登壇 誓告天地 省齋爲大將 公爲統領
入于金城 與倭交戰 不幸勢窮 省齋被禍 聚散軍 痛哭縞素 入長城塔
亭見敗 軍務托朴慶來 入方丈治病 入錦山 聞高宗賓天 飮毒死 其子
起鳳 鞍峙戰 中丸而死 省齋撰文 忠孝稀世

『송사선생문집습유-김용구』
『후은김선생신담록』

07

김익중 金益中

·『송사선생문집습유』권3, 「호남의사열전」

김익중[74]은 자가 봉거(鳳擧)
이고, 본관은 울산(蔚山)으로 하서(河西) 선생의 후손이다. 일찍 아
버지를 여의고 가난하여 학문은 배우지 못하였으나, 선(善)을 즐겨
하고 의(義)를 좋아함은 그의 천성이었다. 갑오년(1894)에 동학당
(東學黨)이 동학을 강제로 포교할 때 그는 아는 친구들에게 사특함
과 바른 것을 변별(辨別)하여 진실로 구원하였다. 병신년(1896)에
의병이 격문을 전할 때에는 아는 포사(砲士)들에게 의진을 위해 충
의를 다하도록 권하여 일으킨 바가 많았다. 금성(錦城)과 광산(光
山)의 사이에서 사생(死生)으로 서로 따르니 고을 사람들이 그를 글
을 읽지 않은 학자라고 불렀다.

일찍이 조용히 나(기우만-편역자)에게 이르기를 "지금 국가의 형
세가 극도로 위태로우니 마땅히 일찌감치 스스로 계책을 세워 후일
을 도모해야하나, 그럴 계제가 없으니 나는 향약(鄕約)을 복구하여
행한다는 명분을 내세워 시행해 보겠노라."고 하였다. 이에 향리(鄕
里)에 두루 알려 매월 한 번 모여 독법(讀法)과 강약(講約)을 하며
명분(名分)을 정하고 상벌(賞罰)을 시행하였다. 또 말하기를 "바야
흐로 지금 도적이 날로 치성하여 마을에 횡행하니 방비가 없어서는
안 되겠다."하고 집집마다 총과 창을 준비하였다. 도적떼들이 두려

|74| 김익중(1851-1907) : 전남 장성
출신, 호남창의회맹소 참여, 1907년 11
월 고창읍성에서 전사, 애국장 추서,

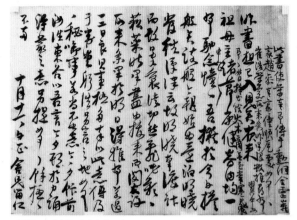

김익중 편지 | 독립기념관소장

워 피하고 감히 가까이 접근하지 못하니 사람들이 모두 편리하게 여겼다.

을사5적이 나라를 팔아 나라의 형세가 심히 위급해지자 성재 기삼연이 장차 왜적을 토벌하여 원수를 갚고자 의병을 일으키려 할 때에, 앞뒤로 협조하였다. 포사(砲士)와 보부상(褓負商)들을 권유하여 일으키는데 고심하며 갖은 힘을 다 쏟아 집안일을 돌보지 않았다. 싸움터[矢石之間]에서 생사(生死)를 따르니 비록 어지럽게 총알이 빗발치더라도 조금도 두려운 빛이 없이 말하길 "인생은 한 번 죽는다. 진실로 죽었다면 죽더라도 그 죽음은 또한 산 것이다."하며, 성재와는 잠시도 서로 떠나지 아니하였다.

고창읍성[牟縣] 전투에서 처음에는 승리하여 적을 죽인 것이 매우 많았다. 적이 여러 병참의 군사를 불러 모아 사방을 포위하겠다고 소리치니 의병들이 놀라 흩어졌다. 훈련되지 않은 의병들이라 그렇지 않을 수도 없는 것이었다. 김익중은 여러 장령(將領), 참모들과 함께 차례로 샛길을 찾아 성을 나오던 중 유탄에 맞아 운명했으나, 여러 날 동안 그의 죽음을 서로 알지 못하였다. 고을 사람들이 시체를 수습하여 매장하여 두고 달려가 그의 집에 알려 음력 12월에 비로소 반장하였다. 성재가 의병을 거느리고 그의 상(喪)을 호위하였고, 수의와 관(棺)을 새로 바꾸고 친필로 '호남의사녹동김공지구(湖南義士鹿洞金公之柩)'라 썼다.

찬(贊)하여 이른다. 의병은 남북이 없는데 반드시 호남 의사라고 칭한 것은 내가 아는 사람을 든 것이기 때문이다. 내가 모르는 사람은 다른 사람이 아는 바대로 기록할 것이 아닌가. 호남은 예로부터 충의의 고장이다. 임진왜란 때 금산(錦山)에서 순국한 이는 어떤 사람이며, 진주(晋州) 남강에 몸을 던진 이는 어디 사람인가. 그 나머지도 의(義)를 취하기를 곰 발바닥[熊掌] 취하듯 하고[75], 목숨을

|75| 곰……하고 : 이익보다 의를 선택함을 가리킨다. 《맹자》〈고자 상(告子上)〉에 "물고기도 내가 바라는 것이고 곰 발바닥도 내가 바라는 것이지만 두 가지를 다 얻을 수 없다면 물고기를 버리고 곰 발바닥을 선택하겠다. 삶도 내가 바라는 것이고 의도 내가 바라는 것이지만 두 가지를 다 얻을 수 없다면 삶을 버리고 의를 선택하겠다.〔魚我所欲也 熊掌亦我所欲也 二者不可得兼 舍魚而取熊掌者也 生亦我所欲也 義亦我所欲也 二者不可得兼 舍生而取義者也〕"라고 한 맹자의 말에서 연유한 것이다.

고창읍성

깃털처럼 내던진 이는 손가락으로 이루 헤아릴 수 없다. 대개 산천의 빼어난 기운과 선현의 교화를 모으고 길러서 차츰차츰 닦여진 결과이다.

임진왜란 때 종묘사직이 거의 빈 터가 될 뻔하였다가 마침내 회복이 된 것은 제공(諸公)의 순국한 힘이 아닌 것이 없고, 옛 사람이 말한 '한 죽음이 백만의 군사보다 강하다'라고 한 것은 어찌 이유 없이 말한 것이겠는가. 오늘의 의병은 옛날보다는 더욱 어렵다. 옛날에 의병을 일으킨 자는 위로부터 애통조(哀痛詔)[76]가 내리고, 의병을 일으켰다는 소식을 들으면 높은 벼슬을 주고 친필 조서(詔書)를 내려서 표창하였다. 이에 소문이 이르는 곳마다 감동되지 않음이 없어 군령의 이행과 금지가 마치 물병을 거꾸로 들고 아래로 쏟는 것처럼 막힘이 없었다. 지금은 그렇지 않다. 적신(賊臣)이 하늘을 빙자하고서 나라를 팔고 임금을 협박하는 병신년(1896)간의 일은 내가 직접 겪은 것이다. 나라를 위하여 분기(奮起)한 것이 이 무슨 큰 죄이기에 한양의 병사를 풀어 그들을 압제하고, 주장자(主張者)를 거괴(巨魁)라 칭하며 먼저 목을 베게하고 뒤에 아뢰는 방식은 오늘에 이르러 물이 더 깊어지는 것처럼 심하고, 관고(官庫)에 저장한 무기에 대해서는 금병(禁兵)을 세워서 정찰한다.

혹 나라를 위하여 분기(奮起)하는 자는 마땅히 의(義)와 나라가 함께 망하고 사람과 절개를 같은 것으로 여겨 몸을 버려 순국하는 선비들이 종종 초야(草野)에서 일어나 손으로는 칼을 쥘 줄 모르는 농병(農兵)을 권유하여 모집하고, 부서지고 남은 짧은 칼을 수습하여 평시에 나물로도 배를 채우지 못하는 사람들이 갑자기 일어난 것이니, 비용이 어디서 날것인가. 촌려(村閭)에서 밥을 구걸하고 부자들에게서 재물을 찾는데, 저 부자들은 모두 도회지로 이사를 가서 왜놈에게 의탁하여 살면서 백방으로 방해하며 폭도(暴徒)라는 악명(惡名)을 덧씌워서 화적(火賊)의 약탈하는 풍습이라 한다. 의병의 이름을 빌어서 사욕을 채우는 자들에게는 이런 악명이 원통할 것도 없지마는, 당당한 절의로 나라를 위하는 생각이 간절하여 명교(名敎)를 붙들어 세우려는 자들도 애매한 누명을 같이 쓰게 되니 그들의 처지는 비참하다 할 수가 있다.

　위에서는 나라를 파는 대신들이 의병에게 군사를 멋대로 일으킨 반역자라는 이름을 씌우면서 왜놈의 털 한 오라기도 상할까 두려워하고, 아래에서는 행실이 좋지 않은 부호들이 이들에게 폭도의 괴수라는 이름을 씌워서 제 집 창고에 쌓아 둔 반 톨의 곡식이라도 손해를 볼까 겁을 낸다. 온 나라가 왜놈과 더불어 의병이 혹시 성공할까 두려워 금고(金庫)를 왜놈에게 바치면서 의사(義士)들이 사용하게 될 것을 겁내어 위아래가 합심하여 낌새를 정탐하여 좌절시키는 것을 능사로 하니 충의(忠義) 두 글자는 쓸어버린 듯 남은 것이 없다.

　다행히 초야에는 외로이 실추되지 않은 양심이 있는 자가 있어 윤리가 쇠락한 가운데 강상(綱常)을 키우는 근저(根柢)로 삼으면 비록 한 때는 좌절함을 면하지 못하였으나 어느 시기에 광복이 되면 장차 이로써 종자의 한 근원을 찾을 수 있지 않을까 한다. 혹 살고 혹 죽은 것, 언행 하나하나 등 모든 행위가 의절(義節)에 관계된 것은 들은 대로 기록하여 뒷날의 참고가 되게 하고자 한다.

· 김익중(金翼中)【장성(長城)】| 『염재야록』건, 권3

　　　　　　　　　　　김익중은 자가 봉거(鳳擧)이고, 하서(河西)의 후손으로 울산인(蔚山人)이다. 무신년(1908)[77]에 성재 기삼연과 함께 거사하여 의병을 모집할 때 논의가 엇갈려 성재(省齋)는 추성(秋城, 담양)으로 향하고, 공은 고창(高敞)에 웅거하여 적과 대치한 지 수 일 만에 성이 함락되었다. 의병의 무리가 흩어지자 공은 혼자서 성첩(城堞)을 의지하여 총탄을 발사하고 있었는데 막좌(幕佐) 박포대(朴砲大)[78]가 공을 부르면서 말하기를 "일이 급하게 되었으니 공도 속히 피하십시오."라고 하였다. 공이 또한 말하기를 "김익중이 어찌 구차하게 살 사람인가."라고 하며, 결국 성첩을 의지하고 있다가 총탄에 맞아 사망하였다.

|77| 1907년의 오기이다.

|78| 원전에 '박포대(朴布大)'라고 되어 있음, 총을 잘 쏘기로 이름을 날린 박경래(朴慶來) 의병장의 별칭.

김익중 金益中

· 『松沙先生文集拾遺』卷三,「湖南義士列傳」

金翼中 字鳳擧 蔚山人 河西先
生后 早孤貧失學 而樂善好義 其天性也 甲午東匪勒染 所知朋友 辨
別邪正 實心救拔 丙申義旅傳檄 所知砲士爲陣忠義 多所勸起 死生
相從於錦城光山之間 鄕里多稱不讀書學者 嘗從容謂余曰 見今國勢
危如一髮 當早自爲計 以爲後圖 而顧無梯 吾欲以鄕約修復爲名 有
所施設 乃通諭鄕里 每月一會 讀法講約 定名分 行賞罰 且曰 方今盜
賊日熾 橫行閭里 不可無備 使家家具砲鎗 群盜畏避 不敢近境 人皆
便之 及五賊賣國 國勢綴旒 奇省齋將擧討復之師 後先贊助 勸起砲
士與負商 苦心極力 不顧家事 死生相隨於矢石之間 雖亂丸如雨 略
無懼色曰 人生必有一死 苟死 死則其死亦生 與省齋鴟鱻不相離 牟
縣之役 初間得意 殺賊許多 賊招集諸站 聲言四圍 士卒駭散 不習之
兵 其勢不得不然 諸將領參謀 次第尋間道 旣出城中流丸而殞 數日
不相知 縣人收埋 走告其家 始以十二月返葬 省齋卒兵隊護其喪 改
易衣衾棺槨 手題湖南義士鹿洞金公之柩

贊曰 義無南北 而必稱湖南者 擧吾所知耳 吾所不知 人其舍諸 湖
南自古爲忠義窟宅 壬辰之燹 殉於錦山者何人 赴於南江者何人 其餘
取義 如取熊掌 擲生如擲鴻毛者 指不勝搜 盖皆山川之秀氣 先賢之
遺化 鍾毓漸磨以致之也 龍蛇之變 宗社幾幾乎邱墟 而卒致匡復 未

始非諸公死事之力也 古人所謂 一死强於百萬 豈無見而云爾也 今日
之擧 視古爲尤難 古之爲是擧者 自上有哀痛之詔 聞有擧義則加之官
尊其位 降手詔 以褒寵之 是以風聲所至 無不聳動 令行禁止 宜如建
瓴之水 今則不然 賊臣挾天 賣國脅君 丙申年間事 吾所身親經歷 爲
國思奮 是胡大罪 而出京營兵 而壓制之 主張者 稱之巨魁 使之先斬
後聞式 至于今如水益深 至於官庫所藏器仗 植禁兵 以伺察 其或有
思奮者 宜其義與國俱亡 人與節俱催 而捐身殉國之士 猶往往起於草
茅 勸起手不知兵之農兵 收拾破碎餘存之短兵 以平日藜藿不充之人
而倉卒思奮 資身何在 不得不乞食於村閭 索財於富民 而彼富民者
又皆接泊名都 依恃於倭 以爲性命 百方阻撓 至加以暴徒之惡名 其
曰 火賊掠奪之習 假借其名 以濟其私者 有不足冤 而堂堂義節 思切
報國 扶竪名教者 同歸於晻曖 其情亦云慨矣 上焉而賣國執命者 加
以擅興逆節之名 而惟恐其一倭之毫髮傷損 下焉而富豪無行者 加以
暴魁之稱 而猶恐其半菽之私藏或害 擧國與倭 而所懼者義擧之或成
金庫輸倭 而所怕者義士之入用 上下同心 幾微伺察 以摧折而爲能
事 忠義二字 可謂掃地 而無餘矣 常幸秉彝之罔墜者 獨在於草茅 淪
落之中 以爲扶植之根柢 則雖未免摧折於一時 而異時匡復 或將以是
爲碩果之一根耶 或生或死 一言一事 或及於義節者 隨聞劄記 以爲
後日之考

· 金翼中【長城】|『念齋野錄』乾, 卷之三

　　　　　　　　　　金翼中 字鳳擧 河西後 蔚山人
也 戊申與奇省齋 同爲擧事 募兵之際 議異分裂 省齋則向秋城 公則
據高敞 與賊相持 數日城陷 衆潰公獨倚堞放丸 有幕佐朴砲大者 呼公
曰 事已急矣 公亦急避 公曰 金翼中 豈爲苟生者乎 終倚堞中丸而死

金翼中字鳳擧蔚山人河西先生后早孤貧失學而樂善
好義其天性也甲午東匪勒游所知朋友辨別邪正實心
救拔兩申義旅傳檄兩知砲士爲陣忠義多所勸起死生
相從於錦城光山之間鄉里多稱不讀書學者嘗從容謂
余日見今國報危如一髮當早自爲計以爲後圖而顧無梯
吾欲以鄉約修復爲名有所施設乃通諭鄉里皆慷之
讀法講約定名分行賞罰日方今盜賊盈畏將討復之
及五賊賣國國勢綴蕊奇省縣舉討復之師微先贊助之
起砲士與負商苦心極刀不顧家事死生相隨於矢石之
死亦生與省齋暢鹹不相離年縣之伐初聞得竟殺賊許
多賊招集諸站聲言四圍士卒駭散不智之兵不得其勢不
不然諸將領察諜次第尋閒道既出城中流九而殞數日
不相知縣人收埋走告其家始以十二月返葵省齋卒兵
隊護其喪改易衣衾棺槨手題湖南義士鹹洞金公之
柩
贊曰義無南北而必稱湖南者舉吾所知耳吾所不知人
其合諸湖南自古爲忠義窟宅壬辰之變徇於錦山者何
人赴於南江者何人其餘取義如取熊掌擲生如擲鴻毛者
指不勝摟蓋岂山川之秀氣先賢之遺化鍾毓漸靡以致

之也龍蛇之變宗社幾字邱墟而卒致匡復未始非諸
公死事之功也古人所謂一死之爲強於百萬豈無見而云甬之
也今日之舉視古爲尤難古之爲者自上有哀痛之
詔則有舉義則加之官等其位降手詔以廣寵之是以風
聲所至無不聳動令行禁止宜如建瓴之水今則不然賊
臣挾天爲省君丙申事吾悶事之主張者親經歷爲國思
是胡大厥而出京營兵而壓制之主張罟竄罟植禁兵而
先斬後聞式至于令如氷益深至於官庫所藏罟使植兵
以伺察其或有思奮者宜其義與國俱之不知兵之農兵
捐身殉國之士猶往往起於草茅起手不知兵之農兵
收拾破碎僅存之短兵以平日慈蓋起之人而倉卒思
舊資員何在不得不乞食於村閒森州於富民而彼富民
者又皆攛泊止都依恃於倭以爲性命百方阻撓至加以
黨徒之惡名其日火賊驚籌之智假借其名以齊其私者
有不足筧而堂堂義節忠切報國扶竪名敎者同歸於聘
曖昧其情而云喊矢上爲之亳髮傷損下爲富豪無行者加以
名而惟恐其一倭之毫髮之私藏或害舉國與倭而所懼
蠹魁之稱而猶恐其半救之私藏或害舉國與倭而所懼
者義舉之或成金庫輸者義士之人用上下而同
心幾微伺察以摧折而爲能事忠義二字可謂掃地而無
綮矢常幸辛亥義羹之閡墜者獨在於草茅論落之中以爲扶
植之根柢則雖未免摧折於一時而異將匡復或將以是
爲碩果之一根耶或生或死一言一事或及於義節者隨
閒剳記以爲後日之考

『송사선생문집습유-김익중』

72

08

김준 金準

• 『송사선생문집습유』권3, 「호남의사열전」

김준[79]은 자가 태원(泰元)이고, 호는 죽봉(竹峰)이며, 사람들이 김참봉(金參奉)이라 불렀다. 용모가 아름답고 준수하였으며 글과 글씨를 다 잘하였다. 국가의 형세가 위태한 것을 보고 일찍부터 적을 물리칠 뜻을 가지고 있었다. 일찍이 술꾼이나 백정들 사이를 돌아다니며 "때를 만나지 못한 기특한 절개 있는 선비들이 이런 데에 많이 숨어있다."며 자기편으로 끌어들일 계획을 하였다.

이때 성재 기삼연이 왜적을 토벌하여 나라의 원수를 갚으려고 의병을 일으켰다는 소문을 듣고 즉시 군문으로 달려가서 선봉장이 되기를 자원하니, 장하게 여겨 허락하고 그의 계책을 많이 썼다. 문수사(文殊寺), 모양읍(牟陽邑, 고창읍), 법성포(法聖浦) 전투에서 모두 선봉장으로 앞장섰다. 뒤에 의진(義陣)을 나누어 적의 뒤를 밟아 창평(昌平) 무동촌(茂洞村)[80]에 이르렀다. 왜장 요시다[吉田][81]는 용맹이 있고 싸움을 잘하여 여러 왜놈들이 믿고 의지하였는데, 교묘한 술책으로 꼬여 잡아 수십 발의 총탄을 쏘았는데도 죽지 않았다. 칼과 돌로 함께 내려치자 죽으면서 말하기를 "내가 군대를 이끌고 12개국을 두루 다니며 백전백승(百戰百勝)하였는데, 여기서 죽게 되는 것은 하늘이 나를 망하게 한 것이다." 하였다. 왜놈들이 모

[79] 김준(1870-1908) : 전남 나주 출신, 자는 태원(泰元). 호남창의회맹소의 선봉장으로 활동, 기삼연 의병장 순국후 독립하여 호남의소의 이름으로 동생 율과 같이 활동하다 1908년 4월 광주 어등산에서 전사. 자료집으로 『죽봉청봉사적(竹峰靑峰事蹟)』이 전하고, 독립장 추서.

[80] 원전에 '무동촌(舞童村)'이라 되어 있으나 오기(誤記)이다.
[81] 29쪽 주 [36] 참조

죽봉 김태원 의병장 동상 | 광주 농성공원

두 낙담하여 적의 주검들이[82] 들을 덮었다. 출병한 뒤에 처음으로 승리를 거두었다.

샛길로 행군하다가 성재가 잡혔다는 것을 듣고 의병 30명을 뽑아서 매우 빠른 속도로 추격하여 경양역(景陽驛)에 이르렀으나 이미 지나간 뒤였다. 의병을 돌려 통곡하고 상복을 입게 하며 반드시 원수를 갚기로 작정하였다. 남쪽 고을로 돌면서 의병을 모으고 무기를 거두면서 적을 만나면 쳐서 물리치니 적이 감히 가까이 하지 못했다.

석문(石門) 전투에서 죽은 적이 셀 수 없었다. 무령(武靈, 영광)의 고성봉(古城峰)[83]에 진(陣)을 치고 머물렀다. 적이 여러 병참(兵站)에 주재하는 군사들을 불러 모아 사방을 포위하여 가두고 비 오듯 총탄을 어지럽게 발사했는데, 참모(參謀)로 믿던 자가 총탄에 맞아 죽으니 좌우의 손을 잃은 것처럼 포위를 풀고 황룡강[84]을 건너갔다. 적의 뒤를 밟아 청량산(淸凉山)[85]에 이르러 총살한 적이 매우 많았으나 의병 또한 많이 죽었다. 의병을 이끌고 어등산에 도착하였다. 대개 이 산은 조 의병장(趙將)[86]이 먼저 순국한 장소로 군인들이 모두 꺼려하며 나아가려고 하지 않았다. 적의 추격으로 쫓기게 되자 그것이 부담이 되어 싸울 계책이 한 번 잘못되니 갑자기 운명하였다. 산 밑에 사는 사람들이 모두 그의 죽음을 숨기고 말하지 않으니, 대개 김준에 대한 신의(信義)가 사람들의 마음과 눈에 깊이 배여 애석히 여기는 지극한 정이었다.

모든 의진이 행군하다가 적을 만나 '김태원 의병이다'라고 선언하면 모든 적이 돌아가거나 물러나 피했다. 사람들이 "죽은 제갈량이 살아있는 사마중달을 달아나게 했네.[87]"라고 말하였다. 대개 그의 의기와 계책은 충분히 제(齊)나라를 회복하였던 전단(田單)[88]과 같다고 할 수 있으나, 운명은 어찌 할 도리가 없으니 하늘이 빨리 빼앗아갔다. 아! 아깝도다. 모사(謀士) 전수용(全垂鏞)[89]이 흩어진 의병을 거두어 모아 넉넉히 그의 의진의 명성을 계승할 만하다.

|82| 주검들이 : 원문에는 한자가 빠져 있어 의미상 넣었다.

|83| 전남 장성군 삼계면 부성리에 있는 고성산으로 추정됨

|84| 영산강 상류로, 전남 장성군에서 광주광역시 광산구까지 흐르는 강을 말한다.

|85| 위치를 잘 알 수 없다.

|86| 조 의병장이 누구인지 정확하지 않으나, 기우만이 시기와 성씨를 혼동한 것으로 추정된다. 어등산에서는 김준 의병장이 1908년 4월 25일 전사했고, 조경환(曺京煥) 의병장이 1909년 1월 10일 전사했다(『전남폭도사』, 1913 ; 전남일보인서관, 1977, 86쪽).

|87| 죽은……했네 : 제갈량이 위나라를 공격하여 기산(祁山)에 이르자 위나라는 사마의(司馬懿)를 보내 제갈량을 막게 하였다. 사마의가 싸우고자 하지 않으니 장후(張翊) 등이 "공께서 촉나라를 범처럼 두려워하니, 천하의 비웃음을 어찌하시렵니까."라고 하자, 사마의는 어쩔 수 없이 장합(張郃)을 출전시켰으나 대패하고 말았다. 군량이 부족한 제갈량이 일시 퇴군하였다가 나중에 다시 위나라로 진격하여 위남(渭南)에 이르자, 사마의가 성문을 닫아걸고 응전하지 않으니, 이에 제갈량은 위나라 군영에 부인이 쓰는 두건과 장식을 보내 졸장부라고 조롱하였다. 나중에 제갈량이 병으로 죽자 양의(楊儀)가 군대를 정돈하여 퇴군하는 중에 사마의가 후미를 추격해 오자, 양의가 깃발을 돌려 북을 올리고 공격하려는 시늉을 하자 사마의가 두려워 접근하지 못하였다. 백성들이 "죽은 제갈량이 산 사마중달을 패주시켰다.[死諸葛走生仲達]"라고 기록하자, 이에 사마의가 웃으며 '나는 살아 있는 제갈량은 헤아릴 수는 있지만 죽은 제갈량은 헤아리지 못한다.[吾能料生 不能料死]'라고 변명하였다고 한다. 사마의가 촉나라 제갈량을 두려워하는 마음과 같이 왜적이 김준을 두려워했음을 비웃는 말이다. 《三國志 卷35 蜀書 諸葛亮傳》《史略 卷3 蜀漢》

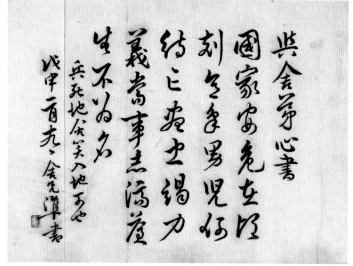

김준 편지-여사제심서 | 1908, 종이에 먹, 24.7x30.5㎝, 순천대학교 박물관

· 의사 김준·전수용 합전(義士金準全垂鏞合傳) | 『후석유고』권24

　　　　　　　　　　김준은 선대가 경주인으로 자가 태원(泰元)이고, 죽봉(竹峯)은 그의 호이다. 대대로 벼슬한 이를 배출하였다. 그 아버지 대부터 동복(同福)에 거주하였다가 뒤에 나주(羅州)의 거평방(居平坊)|90|으로 옮겼다. 문장과 덕행이 있어 고을에서 칭찬이 자자하였다. 준은 가정에서 학문을 배웠고, 문예(文藝)를 일찍 성취하였다. 어릴 적부터 뜻과 기상이 원대하고 자유분방하여 얽매이는 것을 싫어하는 성품으로 자질구레한 예절에 구애받지 않았다. 항상 분연히 몸을 돌아보지 않고 국가가 위급한 때에 목숨을 바쳐야 한다는 것이 평소 마음속에 쌓아 둔 생각이었다.

　　갑오년(1894)에 동학당|91|이 처음 일어났을 때 일본과 서양을 배척한다고 성언(聲言)하므로 준이 시험 삼아 가서 보니, 실제로는 적을 토벌할 뜻이 없고 오로지 약탈만 일삼으니 마침내 돌아와서 아우 율(聿)|92|과 함께 수원(水原)으로 피난하였다. 국가의 일이 날로 어그러지는 것을 보고는 다시 고향으로 돌아왔다. 고향에 방임(坊任)|93|이란 자가 아전들의 권력을 끼고서 백성들을 해치니 준이 곧 그 폐단의 심한 것을 열거하여 관찰사(觀察使)에게 호소하여 기필

코 바로잡았다. 간당(奸黨)들은 모두 그를 미워하였으나 평민들은 칭송해 마지아니하였다.

을사년(1905)에 이르러 적신(賊臣)들이 외국의 힘을 끼고 나라를 망치고 강제로 조약을 체결하기에 이르렀다. 조종(祖宗)의 강토는 왜적의 소굴이 되고, 조종의 백성은 모두 왜의 백성[94]이 되었다. 이에 상국(相國) 조병세(趙秉世) 이하 네 분이 목숨을 바쳐 순국하고, 면암 최익현 선생이 의병을 일으켜 적을 토벌하다가 힘이 다하여 붙잡혀 대마도(對馬島)에서 숨을 거두었다. 준은 비분강개(悲憤慷慨)함을 이기지 못하고 장차 의병을 일으켜 적을 토벌하여 원수를 갚으려고 종인(宗人) 김돈(金燉)[95]과 함께 힘을 합해 의병 모집에 협력하였다. 죽음을 각오하고 앞을 향해 거의 계획을 세우고 있을 때 성재 기삼연이 장성에서 먼저 일어나고 녹천[96] 고광순이 창평에서 의병을 모집하여 의로운 기세가 대단히 성하였다. 김돈이 김준에게 이르기를 "세력이 고립되면 저 적을 부수기 어렵고, 힘이 합하여지면 큰 일을 이룰 수 있다. 들으니 성재 기삼연은 충성스럽고 신의가 있어 의지할 만하다 한다. 옛사람이 이르길 '우리가 명족(名族)에 의탁하면 진(秦)나라를 틀림없이 격파할 수 있다.[97]'고 하였는데 기공(奇公)은 곧 노사(蘆沙) 선생의 조카이니 지금의 명족이 아니겠는가."하며 그리로 나아가도록 권하였다.

드디어 모집한 의사들을 거느리고 총과 창 등 무기를 준비하여 고창 문수사에 가서 만나니 성재가 보고 크게 기뻐하여 함께 의병에 관한 일을 이야기하였다. 밤이 깊어 삼경(三更)쯤 되자 비가 부슬부슬 내리고 숲이 깊어 길이 험한데도 적병이 뒤밟아 와 총소리가 우레와 같이 들리더니 곧바로 절 문에까지 날아들어 창과 벽이 모두 부서졌다. 깊은 밤에 급작스러운 일이고, 또 적병이 많은지 적은지 알지 못하니 대부분의 의병들이 모두 놀라 흩어지려 하였다. 준이 개연(慨然)히 말하기를 "의병이라고 이름한 병사들이 적을 만나 도피하는 것은 계책이 아니다. 또 가파르고 험한 길에서 살아나갈 방도가 없으니 기왕 죽을진대 싸우다가 죽는 것만 못하다."하고, 곧 포사(砲士)들을 시켜 석벽에 몸을 기대고 연달아 총을 쏘며 한바

|94| 왜의 백성 : 원문의 '좌임(左袵)'은 오른쪽 옷깃을 왼쪽 옷깃 위로 여미는 오랑캐의 복식을 의미하는데, 여기서는 오랑캐가 됨을 뜻한다. 《논어》 〈헌문(憲問)〉에 이르기를, "관중이 없었다면 우리는 머리를 풀어 헤치고 옷깃을 왼쪽으로 여미는 오랑캐가 되었을 것이다.[微管仲 吾其被髮左袵矣]"라고 한 데서 나온 말이다.

|95| 김돈 : 경주김씨 같은 집안의 유학자로 보이나, 인적사항을 알 수 없다.

|96| 원전에 '녹천(鹿泉)'이라 되어 있으나, '녹천(鹿川)'의 잘못이다.

|97| 우리가……있다 : 이 말은 《사기》 권7, 〈항우본기(項羽本紀)〉에 나오는 말로 원래는 '우리들이 명문대족에 의탁하면 진(秦)의 멸망은 틀림없을 것이오[我倚名族 亡秦必矣]'이다.

『죽봉청봉사적』, 1940

탕 크게 격전을 벌이니 적의 부대가 도망하여 물러갔다.

성재가 여러 차례 칭찬하기를 "그대가 장수의 재주가 있으니 우리 일이 이루어지겠다."하고 곧 준을 선봉장으로 삼고 군무를 모두 맡겼다. 이에 부대를 정돈하고 군령을 하달한 후 무장(茂長)[98]의 적을 붙잡아 총으로 쏘아 죽였다. 곧 고창성 안으로 향하여 갔는데, 어두운 밤이라 대오(隊伍)를 분별할 수도 없었다. 적이 동문으로 들어와서 참모장(參謀將) 김익중(金翼中)과 이남규(李南圭)[99]가 총에 맞아 죽었다. 흩어진 의병을 수합하여 장성 백양사(白羊寺)로 들어갔더니, 적이 사방을 포위하여 이들을 공격하자 드디어 맞서 싸우니 포성이 하늘에 진동하고 적병은 사상자가 많아 달아났다.

성재가 준과 상의하기를 "우리가 의병을 일으킨 지 여러 달이 되도록 서로 호응하는 자가 오히려 매우 드무니 그대는 부하 의병을 거느리고 영광·나주·함평·무안 등 여러 곳의 사림(士林)에게 두루 알려 그들로 하여금 고동(鼓動)시켜 의병의 세력을 성하게 하라. 나는 장성·순창 등지로 가서 의병을 모집하여 성세로 삼아 서로 호응하면 적을 반드시 쳐부술 수 있으리라." 하였다. 준은 그렇게 여겨서 바로 그날 의병을 나누어 유림(儒林)에서 덕망이 높은 이들을 차례로 방문하여 함께 나라의 치욕을 씻기를 바라니, 이로부터 응모자가 날로 많아졌다. 아우 율(聿)을 시켜 따로 한 부대를 거느리게 하여 세력을 도우니 의병의 위엄을 차츰 떨치게 되고 무기도 또한 갖추어졌다.

성재와 더불어 회합하여 장차 영광부(靈光府)에 있는 적의 소굴을 소탕하고자 하였는데, 방비가 있는 줄을 알고 곧장 법성포로 향해 가서 적의 소굴에 불을 질러 공격하니 사상자가 매우 많았다. 또 성재와 의병을 나누어 성재는 장성으로 돌아가고, 준은 광주·나주 등지로 향하였다. 이때 율의 부대가 사호(沙湖)[100]에 머물러 있었는데, 적이 불시에 사면을 포위하여 공격하여 오니 의병이 혹은 죽거나 혹은 흩어졌다. 준이 듣고 적병을 당할 수 없음을 알고 방어벽을 견고하게 하고 움직이지 않으니 적이 방비가 있음을 알고 감히 가까이 하지 못하였다. 이에 선봉장 조경환(曺京煥)[101], 도포장

[98] 무장(茂長) : 전북 고창군 무장면 지역이다.

[99] 이남규(1856-1907) : 전남 함평 출신. 호남창의회맹소의 후군장, 고창 읍성 전투직후 총살, 애국장 추서.

[100] 광주광역시 광산구 사호동 일대이다.

[101] 조경환(1876-1909) : 현재의 광주광역시 출신이다. 김태원 의진에서 활동, 독자적인 의진을 형성. 1909년 1월 광주광역시 광산구에 위치한 어등산에서 전사, 독립장 추서.

(都砲將) 최동학(崔東鶴)[102]과 상의하기를 "김율 의진이 최근에 패했으니 나는 동복·창평 등 여러 고을로 가서 충의지사(忠義之士)를 모집해서 힘을 합하여 적을 치는 것이 좋겠다." 하였다. 드디어 정예한 포수 수십 명을 거느리고 장차 떠나려 하는데 율이 의병 수십 명을 거느리고 따랐다.

곧바로 창평 지곡(芝谷)에 도착하여 하루를 머물고 이날 밤에 고개 하나를 넘어서 무동촌[103]으로 진군하니 이날은 무신년(1908) 정월 초하루였다. 적장 요시다 카츠사부로우[吉田勝三郎][104]란 놈이 기병을 거느리고 쫓아왔다. 다만 군인의 수효가 중과부적(衆寡不敵)일 뿐만 아니라 기병이 매우 정예하였고, 또 요시다[吉田-가와미츠 : 편역자]는 일본의 육군대장으로 키가 10척이나 되고 용력이 뛰어났다. 날랜 말 위에 앉아서 칼을 휘두르며 곧장 진격하니 눈 아래 의병이 없었다. 여러 사람들이 서로 쳐다만 보며 감히 나가지 못하였다.

준이 칼을 들고 진(陣)에 나와서 강개히 말하기를 "그대들이 죽음을 두려워하는가. 남아가 죽을지언정 불의에 굴하여서는 안 된다. 또 적이 사방에서 포위하고 총을 쏘는데 어찌 도망할 길이 있겠는가."하였다. 의병들로 하여금 담 밑에 몸을 숨겨서 명령을 기다리게 하고, 정예한 포수 두 사람에게 이르기를 "돌담 사이에 잠복하여 내 말을 기다려 쏘아라."라고 약속을 정하였다. 요시다(가와미츠-편역자)가 날랜 기운으로 곧장 담 바깥에 이르렀다. 준이 잠복한 포수에게 눈짓을 하자 천보총(千步銃)을 연달아 쏘아 적들을 정확히 맞추니 몸이 엎어져 말에서 떨어졌다. 그래도 아직 죽지 않자 준이 그놈의 보검을 빼앗아 찔러 죽이고, 망원경과 육혈포(六穴砲)[105]를 획득하였다. 좌우에서 복병이 모두 총을 쏘니 총소리가 천둥치듯 진동하였다.

|102| 최동학(미상-1908) : 김태원 의진의 도포장으로 활동하다 전사. 애국장 추서.

|103| 원전에 '무동촌(舞童村)'이라 되어 있으나 '무동촌(茂洞村)'의 잘못이다.
|104| 가와미츠[川滿布建] 조장의 오기이다.

|105| 육혈포(六穴砲) : 탄알을 재는 구멍이 여섯 개 있는 권총을 말한다.

|106| 강길환 : 김태원 의진의 포수로
서 무동촌전투에서 전사, 애국장 추서.
|107| 조덕관(1859-1908) : 김태원
의진으로 포수, 무동촌 전투에서 전사,
애국장 추서.

|108| 담양 금성산성(金城山城)의 오
기이다.
|109| 흔히 조동(槽洞)으로 알려져
있으며, 지금의 순창군 복흥면 동산리
구슬 마을.

|110| 현재의 광주광역시 광산구 임곡
동 임곡역 일대로 추정된다.

|111| 지금의 전남 장성군 삼계면 상
도리에 있는 산.

적들이 대장의 죽음을 분하게 여겨 죽음을 무릅쓰고 달려들어 의사 강길환(姜吉煥)|106|·조덕관(趙德寬)|107|이 죽고, 상황이 매우 위급했는데, 김율 의진이 마침 가까운 곳에 있어 호응해서 측면에서 공격을 하니 적이 마침내 도망갔고 사상자가 있었다. 이로부터 의병의 기세가 더욱 장하였다. 그 산중에 오래 머물 수가 없어 장성 월평(月坪)으로 가서 며칠 머물렀다. 이때 성재가 의병을 거느리고 담양[潭州] 추월산성(秋月山城)|108|으로 들어갔는데 적이 사면으로 포위하니 의병이 흩어지고 성재는 순창 하조(下槽)|109|로 피신하였다. 적이 성재를 추격하여 결국 체포되어 광주(光州)에서 처형당하였다.

준이 이 소식을 듣고 설위(設位)하여 통곡하고 의병들에게 상복을 입게 하였다. 토천(土泉)|110| 뒷산에 올라가 돌을 모아 성을 쌓고 총을 발사하여 적을 유인하니 적이 과연 많이 왔다. 적장 철도삼전(鐵道三田)을 총으로 쏴 죽이니 남은 무리가 퇴각해 도망하였다. 이날 밤에 영광으로 향하여 며칠 동안 유진하였다. 낭월산(朗月山)|111|에서 적을 만나 도포장(都砲將) 최동학(崔東鶴)이 죽자 마침내 군사를 거느리고 물러났다. 얼마 안 되어 대곡(大谷) 뒷산에 올랐는데 적의 기병과 갑자기 충돌하여 중과부적으로 의병들이 죽고 다쳤다. 아마도 그 근처에 사는 사람이 왜적들의 세작(細作, 간첩)이 되었기 때문이었다. 이로부터 의병의 기세가 크게 꺾였었다. 그러나 준의 의기는 더욱 장하여 군중을 향해 말하기를 "승패(勝敗)는 항상 있는 일이다. 오직 마땅히 충의를 격려하여 큰 승리를 도모함이 늦지 않았다."라고 하였다. 이에 종사(從事) 여러 사람을 나누어 보내 흩어졌던 의병들을 불러모았다. 또 도내(道內) 사림(士林)을 고동(鼓動)시켜 계획을 크게 하고 기세를 돋아서 여러 왜적의 두목을 초멸하기로 기약하고, 의진을 광주·나주 여러 곳에 옮겼다.

어등산으로 들어갔는데 마침 요통을 앓아 치료하려고 하였다. 그런데 적의 보병 및 기병과 순사대(巡査隊) 등 수백 명이 함께 불의에 뒤를 밟아 왔다. 의병들이 모두 놀라고 겁내어 어찌할 바를 몰랐다. 즉시 들어와 고하기를 "주장(主將)의 병세가 이러하고 적의 기세가 심히 성하니 장차 어찌합니까." 하였다. 준이 웃으며 말하기를 "내가 죽을 것은 의병을 일으키는 날에 이미 결심하였다. 다만 이 적을 멸하지 못하고 장차 왜놈의 칼날에 피를 흘리게 되었으니 이것이 한이로다."하였다. 이 날 누런 안개가 사방을 가득 메워 지척을 분간할 수 없어 의병들이 함께 부축하며 드디어 산에 올랐다. 준은 스스로 벗어날 수 없음을 알고 의병들에게 말하기를 "그대들은 급히 달아나 화를 면하라. 나는 한 걸음도 옮길 수 없으니 반드시 여기에서 죽겠노라." 하였다. 의병들이 서로 쳐다보며 차마 버리고 가지 못하자 손을 저어 물리치면서 "함께 죽는 것은 유익함이 없다. 힘써서 뒷일을 도모함이 옳다." 하니, 여러 의병들이 모두 눈물을 뿌리며 갔다.

그런데 김해도(金海道)[112]란 사람이 있어 홀로 머물고 가지 않으며 "어찌 차마 주장(主將)을 홀로 죽게 하겠습니까."하였다. 조금 뒤에 적이 사방을 포위하였다. 준은 안색을 변치 않고 돌 위에 단정히 앉아서 적의 총탄에 맞고 절명하였다. 김해도는 그의 죽음을 보고 하늘을 우러러 통곡함과 동시에 죽임을 당하였다. 적은 이미 요시다(가와미츠-편역자)가 휴대한 보검과 망원경 등의 물건을 획득하고 고무되어 날뛰며 그날 광주로 들어갔다. 광주에 주둔한 적이 김준의 죽음을 듣고 연회를 베풀어 서로 축하하며, 각 병참과 저들 나라의 정부에 보고하여 "의병을 걱정할 것이 없다." 라고 하였다 한다.

이보다 먼저 김율 의진은 박사진(博士陣)이라 부르고, 광주 소지방(所旨坊)[113]에 주둔한 지 여러 날이었다. 적이 광주로부터 밤을 타서 엄습하여 붙잡혀 광주의 감옥에 갇혔다. 이날 밤에 크게 벼락과 번개가 치니 마을 사람들이 모두 놀라 어찌할 바를 모르고 사람들이 모두 이상히 여겼다.

문초를 받을 때 율이 먼저 소위 관찰사를 꾸짖으며 말하길 "너는 누가 임명한 관찰사냐? 너는 왜놈의 창귀[114]로서 무슨 낯짝으로 백성의 위에 있느냐. 나는 왜적을 평정하는 날에 너희들도 아울러 주살하여 국가의 치욕을 씻고자 하였다. 내가 이에 적에게 사로잡

|112| 김해도(미상-1908) : 김태원 의진에서 활동, 김태원 의병장과 같이 어등산에서 전사, 애국장 추서.

|113| 지금의 광주광역시 광산구 송정 1동 일대이다.

|114| 창귀(倀鬼) : 범에게 물려 죽은 사람의 넋이 다른 데로 가지 못하고 범을 섬기게 되는 귀신. 이 귀신은, 범이 먹을 것을 찾으면 창귀가 반드시 앞장서서 인도한다고 한다. 악한 일에 앞장서 심부름하는 자를 비유하는 말로 쓴다. 여기서 창귀는 왜놈의 앞잡이가 됨을 말한다.

혔으니 하늘의 운명이다. 그러나 나는 비록 죽어도 충의로운 귀신이나 되지마는 너희들은 살아서 역적이 되었으니 너도 사람의 마음이 있거든 생각해 보라. 부끄러움 없을 수 있겠느냐." 하였다. 관찰사는 말없이 피하였다.

왜놈 대장(隊長)이 조사하며 묻기를 "너는 왜 난을 일으켰는가?" 하니, 율이 눈을 부릅뜨고 분하여 꾸짖기를 "나는 난을 일으킨 것이 아니라 나라를 위하여 적을 토멸하고 복수한 것이다. 너를 만 갈래로 베어 죽이지 못한 것이 한스러울 뿐이다. 지금 너에게 패배를 당하였는데 어찌 나를 속히 죽이지 않느냐." 하였다. 적이 감옥에 가두어 두고 감히 형벌을 가하지 못하였다. 마침 준이 해침을 당한 다음날 옥문(獄門)에서 끌어내어 결국 죽였다. 율은 죽음에 이르러서도 의기가 당당하여 가을서리[秋霜]와 여름햇빛[烈日]과 같았으니, 보는 이들이 모두 감탄하였다. 준이 이미 죽어 시신을 거둘 사람이 없었는데, 전 참봉(前 參奉) 김돈(金燉)이 관과 수의를 장만하여 빈렴(殯歛)하고 장사지냈다. 그의 아내와 자식을 데리고 와서 살림살이를 마련해 주며 살도록 하니 후사(後事) 또한 장차 의탁할 데가 있겠다.

|115| 원전의 김준(金俊)은 김준(金準)의 오기(誤記)이다.
|116| 현재의 나주시 문평면 북동리 갈마지에서 출생, 젊은 시절 함평 유림들과 교유했던 때문에 함평 출신으로 전해지기도 한다.
|117| 율(律)의 오기이다.
|118| 창평 무동촌의 오기이다.

|119| 29쪽 주 |36|참조

|120| 광주광역시 광산구 박호동 일대, 황룡강이 마주 보이며 어등산 자락에 있다.

· 김준(金準)|115| 【함평(咸平)】|116| | 『염재야록』건, 권3

　　　　　　　　　김준은 자가 태원(泰元)이고, 참봉을 지냈으며, 경주인이다. 공은 그의 아우인 박사(博士) 율(律)|117|과 가재(家財)를 털어 의병을 모집하고, 동복(同福)의 무동산(武東山)|118|에서 진을 치고 있다가 적을 유인하여 크게 승리를 거두어 일본장수 요시다[吉田]|119|를 살해하였다. 요시다는 일본장수 중 명망있는 사람이었다. 이로부터 김준 의진은 위세가 크게 떨치어 사방에서 모여들어 그를 따르는 의병이 많았다. 태원은 나주 박산(博山)|120|에서 패한 후 광주 어등산으로 들어가 흩어진 의병을 수합하였으나 일병(日兵)의 습격을 받아 전사하였다. 태원은 용병술이 다른 장수보다 뛰어나 호남의 의병 중에서 일인(日人)을 가장 많이 살해한 의병장은 김태원이라 일컬어진다.

김준 金準

· 『松沙先生文集拾遺』卷三,「湖南義士列傳」

金準 字泰元 號竹峰 人稱金叅
奉 貌美秀 文筆皆佳 見國勢岌嶪 早有敵愾之意 嘗遊歷酒屠間 日不
遇奇節之士 多隱於此 爲延攬計 今聞奇省齋討復興師 即日馳詣軍
門 自當爲先鋒 壯以許之 多用其籌策 文殊牟邑法浦之役 皆以先鋒
在前軍 于後分陣躪賊 至昌平之茂洞村 倭將吉田 善戰有勇 群倭之
所倚重 說奇致之 數十砲猶不死 劒石俱下乃死曰 吾挈兵周行十二國
百戰百勝 而死於此 天亡我 群倭皆落膽 群□蔽野 出兵後初得意 間
道行軍 聞省齋見逮 選兵三十 倍日追之 至景陽驛 已無及矣 還軍痛
哭縞素 爲必報計 巡南群 聚軍人 收兵器 遇賊擊却 賊不敢近 石門之
戰 殺賊無算 駐陣於武靈之古城峰 賊招集諸站駐在兵 囚圍而進亂丸
如雨 參謀所恃者 中丸而死 如失左右手 其解圍 渡黃龍江 躪賊至淸
凉山中 砲殺賊甚衆 而軍亦多物故 引兵至魚登山 山盖趙將先殉之地
而軍人皆忌之 不欲進而爲賊追所迫 爲負涓計一路而遄殞 山下人皆
諱言其死 盖信義孚人心目 愛惜之至情 諸陣之遇賊者 宣言金泰元軍
則賊皆返巡退避 人稱死諸葛 走生仲達 盖其氣義籌略 足可爲復齊之
田單 無奈氣數 天奪之速 嗚呼惜哉 謀士全垂鏞 收聚散卒 優能繼其
軍聲

金準者 其先慶州人 字泰元 竹
峯其號也 世有衣冠 自其父寓居于同福 後又移于羅州之居平坊 有文
行 鄉黨稱之 準學于家庭 文藝夙就 自少志氣遠大 跅弛不羈 不拘拘
於細節 而常欲憤不顧身 以殉國家之急者 其素所蓄積也 甲午東匪之
初起 聲言斥日洋 準試往觀之 實無意討賊 專行刼掠 遂去之 與弟聿
避地水原閒 見國事日非卷而還鄉 鄉有坊任者 挾吏胥之權 剝殘害民
準即舉幣瘼之甚者 訴于道可 期於歸正 奸黨皆惡之 而常民則稱頌
之不已 及至乙巳 賊臣挾越援誤國 至有勒約之舉 祖宗之彊土 淪爲
賊藪 祖宗之赤子 盡爲左袵於是 趙相國秉世以下四賢 以身殉國 勉
菴崔先生 倡義討賊 力屈被執 成仁于對馬島 準不勝悲憤 將欲舉義
討復 與其宗人金爀 協力共事 收募義士 以爲捨死向前之舉 時奇省
齋參衍 首倡於長城 高鹿川光洵 募兵於昌平 義聲張甚 爀謂準曰 力
孤則伊賊難破 勢合則大事可成 聞奇省齋忠信可仗 古人云 我倚名族
破秦必矣 奇公即蘆沙先生從父子也 非今之名族耶 勸之使赴 遂率所
募義士 備砲戈等物 往從之 遇於高敞之文殊寺 省齋見之大悅 與之
談兵事 當夜三更 雨色霏微 林深路險 賊兵跟隨 砲聲如雷 直抵寺門
牕壁破碎 深夜倉猝 又不知賊兵多寡 眾皆驚駭欲散 準慨然曰 兵以
義名 遇賊逃避非計 且崎嶇險逕 無以圖生等死耳 不如合戰而死 即
命所率砲士 倚身石壁 連放砲丸 大鏖一場 賊隊逃去 省齋亟加稱詡
曰 君有將帥才 吾事濟矣 即以準爲先鋒將 悉以軍務委焉 於是 整部
伍 申約束 往捕茂長之賊 砲殺之 即向高敞城中 昏夜不分隊伍 賊從
東門而入 叅謀將金翼中李南圭中丸死 收合散卒 入長城之白羊寺 賊
環而攻之 遂應戰 砲聲震天 賊兵多死傷遁去 省齋與準議曰 吾倡義
數月 同聲而應者 尚寥寥 君率所部軍 遍諭靈羅咸務等諸處士林 使
之鼓動 以壯軍勢 吾則住於長淳之地 召募義旅 以爲聲勢相應 破賊
必矣 準然之 即日分軍 歷訪儒林宿德 願與共雪國恥 自是應募者日
益眾 使弟聿 別領一軍 以助其勢 軍威稍振 器械亦辦 與省齋會合 將
剿蕩靈光府賊藪 而知有備 直向法聖浦 火攻賊巢 殺傷甚多 又與省

齋分軍 省齋回長城 準向光羅等地 時聿軍 住沙湖 賊出其不意 四面
圍攻 義兵或散或死 準聞之 度賊兵不可當 堅壁不動 賊知有備 亦不
敢近 乃與先鋒將曺京煥 都砲將崔東鶴議曰 聿兵新敗 吾欲向福昌諸
郡 收召忠義之士 合力討賊可也 遂率精砲數十名 將發 聿率軍數十
人隨之 直抵昌平芝谷 留一日 是夜 踰一嶺 進軍於茂洞村 是日即戊
申元朝也 賊將吉田勝三郎者 率騎兵趕來 不但衆寡不敵 騎兵之精
銳甚盛 且吉田 彼國之陸軍大將也 身長十尺 勇力絶倫 坐下快馬 揮
劒直進 眼下無義兵矣 衆皆面面相睎 不敢出 準仗劒出陣 慷慨而言
曰 公等畏死乎 男兒死耳 不可爲不義屈 且伊賊 四圍放砲 容有逃生
之路乎 乃使軍人隱身墻下 以待將令 又謂精砲二人曰 潛伏石墻間
待吾言以發 約束已定 吉田乘銳直至墻外 準目之遂放千步銃 正中伊
賊 連發皆中 飜身落馬 而猶不死 準直奪其寶劍 擊殺之 收其遠鏡及
六穴砲 左右伏兵皆發砲聲如雷震 賊償其主將之亡 冒死以至 義士姜
煥吉趙德寬死之 勢甚危急 聿軍適在隣近 應砲翼擊 賊遂逃去 而或
死或傷 自是 義兵聲勢益壯 以其山中 不可久留 轉向長城之月坪留
數日 是時 省齋領軍 入潭州秋月山城 賊四面圍住 義兵分散 省齋 避
身淳昌之下槽 賊追之 遂就擒 至光州而遇害 準聞之 設位痛哭 令軍
中掛孝 進至土泉後山 聚石爲城 放砲誘賊 賊果大至 砲殺其大將鐵
道三田 餘衆退遁 是夜 向靈光地 留軍幾日 遇賊於朗月山 都砲將崔
東鶴死之 遂領軍而退居 無何登大谷後山 賊騎兵猝然衝突 衆寡不敵
折傷軍人 蓋其近地人 爲伊賊細作故也云 自是軍勢頓挫 然準義氣益
壯 顧謂軍中曰 勝敗常事也 惟當激厲忠義 以圖大捷未晚也 於是分
遣從事諸人 募聚散兵 又欲鼓動道內士林 以壯謀猷 以助聲勢 期以
剿滅群酋 移軍光羅諸處 入魚登山中 而適患腰疼 方欲調治 賊步騎
與巡査隊數百 不意跟隨而至 軍皆驚惶 不知所爲 即入告曰 主將病
勢如此 而賊勢甚盛 將何爲之 準笑曰 我死固決於起義之日 但未滅
此賊 而將爲倭鋒之血衂 是可恨也 是日黃霧四塞 咫尺莫辨 軍人輩
共挾扶 遂登山 自度不能脫 謂同義士曰 君輩可急走免患 吾則寸步
不能 必死於此 軍人面面相顧 不忍捨去 揮手卻之曰 俱死無益 勉力
圖後可也 衆皆揮泪而去 有金海道者 獨留不去曰 豈忍使主將獨死乎

俄而賊四面圍之 準顏色不變 趺坐石上 中丸而絶 金海道 見其死 仰天大哭 同時被殺 賊旣得吉田之所佩寶劒及其遠鏡等物 鼓舞踊躍 即日入光州 光州所留賊聞金準之死 設宴相賀 走奇于各兵站及彼國政府 以爲義兵無憂云 先是 聿軍號曰 博士陣 逗遛于光州所旨坊者累日 賊自光州 乘夜掩襲 而就捕光獄 是夜 大雷電 村閭皆驚恐 不知所爲 人皆異之 及質問 聿先罵所謂觀察使曰 汝是誰所命之道司耶 汝乃倭奴之倀鬼者 尙何顏在民上也 吾擬平倭之曰 倂汝曹誅殺 以雪國家之恥矣 我乃爲賊所擒 天也 然我雖死 不失爲忠義鬼 汝輩則生而爲逆賊 汝亦有人心 試思之 能無愧乎 觀察無言而避 倭隊長查問曰 汝何爲亂 聿瞋目張膽 憤發罵曰 我非爲亂 乃爲國討賊復讐也 恨不斬汝萬段 今爲汝所敗 何不速殺我 賊使囚監獄 不敢加刑 及準之被害翌日 引出獄門 竟殺之 至死 義氣勃勃 如秋霜烈日 見者皆嘖嘖焉 準旣死 無人收屍 前叅奉金燉 爲棺槨衣衾 殯歛而葬之 迎其妻子 爲之營産而居之 後事亦將有託

· 金準【咸平】 | 『念齋野錄』乾, 卷之三

　　　　　　　　　金準 字泰元 參奉 □□人也 與其弟博士聿 散家財 募集軍兵 陣於同福武東山中 誘賊得大捷 殺日將吉田 吉田者 日將中有名望者也 自後軍威大振 四方義兵多附之 泰元自羅州博山敗後 入光州魚登山 收集散軍 爲日兵所襲死之 泰元用兵過人 湖南擧義中 多殺日人者 最稱泰元也

宣諭令日所當何義亦諭何辭　獨不聞春秋之義亂臣賊子
人人得以誅之手大義亦在成敗利鈍非所逆　觀通來歸歸道
掠區賊招機目甚我戎我國毋勇我聖上車我朝政覽草奔之臣庶不但
一國之士在也靈集忠信以為甲曾禮義以為干檜棠之陣甘
之旗行雷亂白與漢之不圖一个姦細之類敢以三不可恃之說溫
挑義聲岑不適郵煩賊倭之指頂出枯一朝之首斷耳夫惟對
愚說夢智者不信附賊備生勇主元顚刻忽有大可恃者三列
理在天之靈熙倍社可恃也禮義忖養之澤淪肌浹髓民
肥國饒二可恃也倭有必延衆南天之兵三可恃也今苟其曰
義兵歸順倭兵自可無虞何不日倭兵躞歸義兵自可文事
于養虎衛身虎必喫人撤藩娟道冬不變主理之常也且聞
有克羅又偽无為無襟義旣無罪有克賊不享文何
大有惡金準生則義主死則義兒以孔明丹樁鞠躬盡瘁
鞠死於巳八字為持身光符去美委貞屛瀉日含切勾安議

光州警察署

戊申二月八日
湖南倡義將金準

김준 통문

어등산

09

김치곤 金致坤

·『송사선생문집습유』권3, 「호남의사열전」

|121| 김치곤의 인적사항은 알 수 없으며, 현재 미서훈자.

김치곤|121|은 본관이 광산(光山)이고 대대로 무송(茂松, 고창)에 살았다. 의협(義俠)을 좋아하고 재물을 가볍게 여기고 베풀기를 좋아하였다. 남의 근심을 걱정하고 남의 즐거움을 즐거워하여 청탁(淸濁)을 구분하지 않고 대하여 다 잃는 바가 없어서 그 아버지의 장례에 여러 고을에서 조문객이 몰려 왔다. 아버지가 물려 준 재산이 적지 않았다. 의병이 봉기하자 행실이 좋지 못한 부호들은 모두 재물과 곡식이 의병에게 혹 들어갈까 두려워하여 모조리 왜놈의 돈주머니에 옮겨 지켰다. 치곤은 자기의 창고를 맡아 지키는 여러 사람에게 부탁하여 방아를 찧어 저장하고 방출하지 말게 하며 "지금 의병을 일으킨 여러분들이 가진 것은 의(義)요, 부족한 것이 재물이니 재물과 곡식을 가진 자가 응하여 주지 않으면 큰일을 성취하지 못하리라."하였다.

내가 집에 있을 때에 그의 말을 듣고 그는 옛날 한(漢)나라 때에 조정에 자청하여 많은 곡식을 군중에 바치겠다던 복식(卜軾)과 같은 사람이라고 생각했다. 도적에게 양식을 가져다주는 모든 부호들은 다 치곤에게는 죄인이다. 성재 기삼연의 의병이 고을에 들어오자 소장하고 있던 화포(火砲)를 요청하기를 기다리지 않고 실어다 바치고, 쌓아 두었던 재물과 곡식을 내어주니 인색함이 없었다. 또 몰래 적의 동정을 정탐하여 일이 있기 전에 서로 내통하였다. 일찍이 왜놈들이 무송읍(고창읍)에 있으면서 교제를 청하면 겉으로 응낙한 체하였는데 아마도 깊은 꾀와 깊은 생각이 있어서 그런 것이다. 적들의 허와 실을 파악하여 은밀히 기별하여 의병활동이 보전될 수 있어서 곤란함을 면할 수 있었던 것은 다 그의 힘이었다. 흩어진 병사들이 잡혔을 때에는 무송의 왜적에게 교섭하여 석방된 자가 셀 수 없었다.

병신년(1896)간에 노응규(盧應奎)[122]가 진주에서 의병을 일으켰을 때 화랑부인(花良婦人)이 큰 재물을 내어 의병의 막하(幕下)에 바치고, 또 천금(千金)을 내어 촉석루(矗石樓) 삼장사(三壯士)[123]에게 제를 올리며 신령의 도움을 빌었다. 노응규 의병장이 패하고 가족이 의지할 데 없게 되자 또 재물을 내어 집을 마련해 주고 의식(衣食)을 공급하였다. 고을의 인사들이 화랑부인의 의열(義烈)을 사모하여 고을의 금장(禁葬)구역에 그의 남편을 장사지내는 것을 허락하였다. 이로부터 영남(嶺南)의 선비들을 보면 반드시 들어서 말하기를 "우리 도에도 김치곤이 있다." 한다. 그의 나이가 아직 젊다고 들었으니 앞으로 닥칠 큰 사업이 아마 이 사람에게 달려 있는 것이 아닐까.

|122| 노응규(1861-1907) : 호가 신암(愼菴), 경남 함양 출신. 1896년 진주에서 의병봉기, 1907년에 창의하여 경남 및 충북 일대에서 활약. 『신암유고』가 전하며, 독립장 추서.

|123| 삼장사(三壯士) : 1593년 제2차 진주성 싸움에서 순국한 김천일 최경회 황진을 가리킨다.

『송사선생문집습유-김치곤』

김치곤 金致坤

· 『松沙先生文集拾遺』卷三,「湖南義士列傳」

金致坤 光山人 世居茂松 好俠
好義 輕財喜施 憂人之憂 樂人之樂 淸濁無所失 父喪致客 數郡畢至
父財不貧 當義旅之蜂起 富饒無行者 皆恐財穀之或入執守 沒輸於
倭橐 而致坤囑主穀諸人 捲留勿放曰 方今義擧 諸公所存者義 所乏
者貨 有財穀者 不相應副 則大事不成 吾在家聞之 以爲有卜軾之風
而諸富民之齎 盜粮者皆致坤之罪人耳 及省齋入境 所藏火砲 不待
請 而輸致之 所留財穀 推給之 無所吝 又密探賊機 先時相通 嘗諸倭
之在茂邑者 欲輸欸 佯與之唯喏 盖有深謀遠慮 是以得知其虛實 密
奇以進退 軍行之保免窘轍 皆其力耳 而及散兵之見捕者 交涉於茂倭
而得免者無算去 丙申年間 盧應奎之擧兵於晋州 有花良婦人 捐大貲
輸義幕 又出千金 祭盧石三壯士 祝其默佑 及盧將敗 家屬流離 又出
義 而立其家 周其衣食 鄕人士慕其義烈 許邑禁而葬其夫 自是見嶺
中士友 必擧似稱之曰 吾省亦有金致坤云 爾聞其年齡尙少 前頭大事
業 或將在是歟

10

문태서 文泰瑞

· 문태서(文泰瑞)|124| 【안의(安義)】 | 『염재야록』건, 권3

　　　　　문태서는 자가 ☐이고, 남평 (南平)인이다. 의병을 일으켜 영남과 호남사이에 출몰하면서 이석용과 호응하여 수년 동안 살해한 적의 수효가 매우 많았다. 이석용(李錫庸)이 의병을 해산하였다는 소식을 듣고 탄식하여 이르길 "세력이 외롭고 원군이 적어 나는 장차 무엇을 할 수 있겠는가?"하고 의병을 해산하고 바다를 건너가 멀리 망명하려고 하다가 함양군 서상면장(西上面長) 최학래(崔鶴來)에게 붙들려 대구(大邱)에서 처형되었다.

　　최학래가 뒤에 진주를 지나다가 어떤 사람의 잔치에 참여하자 기생들이 최학래의 죄악을 들이대며 욕을 퍼부으므로 이를 들은 사람들은 통쾌하게 여겼다. 이런 경우로 본다면 문태서를 폭도(暴徒)라고 말한 사람은 스스로 최학래와 같은 류에 속할 것이다.

|124| 원전의 '문태수(文泰守)'는 문태서(文泰瑞, 1880?-1913)의 오기이다(김성진, 『항일의병대장 문태서연구』, 함양문화원, 1997). 그러나 국가보훈처에서 간행한 『독립유공자공훈록』1(1986) 등 대부분의 저술에서 문태서(文泰洙)로 기록되어 있다. 문태서는 경남 안의 출신, 1907년 이후 덕유산 일대에서 전북 및 경남을 넘나들며 활동, 1909년 충북 이원역 습격으로 유명, 1911년 체포되어 1913년 옥중 자결, 대통령장 추서.

문태서 의병장 흉상

문태서 文泰瑞

· 文泰瑞【安義】 | 『念齋野錄』 乾, 卷之三

文泰瑞 字□□ □□人也 倡起
兵士 出沒嶺湖之間 與李錫庸相應 數載殺賊甚多 聞錫庸之解軍 歎曰
勢孤援寡 我將何爲 亦解散士卒 將欲浮海遠走 被執於同郡西上面長
崔鶴來 死於大邱矣 鶴來後過晉州 參人宴會 妓輩數鶴來之罪惡 詬辱
之 聞者快之 由此觀之 以泰瑞謂暴徒同類者 是自入於鶴來同類也

문태서 의병장 태생지 표지석

11

박경래 朴慶來

·『송사선생문집습유』권3, 「호남의사열전」

박경래|125|는 자가 도경(道京)이고, 본관은 밀양으로 대대로 모양(牟陽, 고창)에서 살았다. 뜻이 보통 사람과 달랐으며 평상시에 언론과 기개가 뛰어났다. 항상 말하기를 "장부가 세상에 났다가 방 안에 누워서 죽는다면 그 사람됨을 알 수 있는 것이다."고 하며, 항상 말가죽에 시체가 싸여 돌아올 뜻|126|이 있었다.

일찍이 어느 사람과 말하면서 국사를 걱정하였더니, 그 사람이 말하기를 "자네는 한미(寒微)한 집안이라, 나라의 은혜를 받지 않았는데 어찌 그렇게까지 할 것이 있는가."하였다. 도경이 답하기를 "우리가 몸에 옷을 입고 곡식으로 배를 채우는 것이 어느 것인들 나라의 은혜 아님이 없는데, 하물며 5백 년 대대로 본국 신민이 되었다가 국사가 오늘날 이 지경에 이르렀는데도 모르는 체 한다면 천리(天理)와 인륜(人倫)은 어디에 있겠습니까."하였다.

마침 5적이 나라를 팔아 국가의 형세가 위급하자 성재 기삼연이 토복(討復)을 위해 의병을 일으켰다는 소식을 도경이 듣고는 기뻐 날뛰며 "이제는 내가 죽을 자리를 얻었도다."고 하며, 드디어 동지들을 규합하고 몰래 무기를 수집하였다. 모양현(牟陽縣 : 고창군)의 무기고(武器庫)에 좋은 포(砲)가 많이 저장되어 있으므로 은밀히 성

|125| 박경래(1874-1910) : 전북 고창 출신, 흔히 박포대로 부름. 1907년 후반 호남창의회맹소의 포대장으로 활약, 기삼연 의병장 사후에는 주로 고창을 비롯한 전북 서부지역에서 활동, 독립장 추서.

|126| 말가죽……뜻이 : 원문은 마혁과시(馬革裹屍)로 전쟁터에서 싸우다 남자답게 죽는 것을 말한다. 마혁은 말가죽이라는 말이다. 후한(後漢)의 복파장군(伏波將軍) 마원(馬援)이 "사나이는 변방의 들판에서 쓰러져 죽어 말가죽에 시체를 싸서 돌아와 땅에 묻히는 것이 마땅하다. 어찌 침상 위에 누워 아녀자의 손에 맡겨서야 되겠는가. 〔男兒要當死於邊野 以馬革裹屍還葬耳 何能臥牀上在兒女子手中邪〕"라고 말한 고사에서 유래한 것이다. 《後漢書 卷24 馬援列傳》

재에게 기별하여 "우리 현이 비록 작으나 성곽이 견고하고 무기가
정예하니 이것을 차지하면 오래 버틸 수 있을 것입니다."하였다.

성재는 전부터 그의 의기(義氣)를 들었으므로 출병하여 고창 문
수사(文殊寺)를 경유하여 곧장 모양현으로 쳐들어갔다. 도경이 현
내의 동지들과 함께 내응(內應)하여 창고의 무기를 모두 꺼냈다. 한
번의 싸움으로 많은 왜군을 죽였으며, 우리 의병 또한 죽은 자가 서
넛 되었다. 아직 훈련이 안 된 의병들이라서 무기를 버린 채 이미 성
을 탈출하였다. 도경이 동지들과 함께 그 뒤를 따라 무기를 거두어
감춰두었다가 의병이 모이는 날에 몰래 기별하여 실어다 주었다. 의
병활동이 큰 곤란을 받지 않은 것은 그의 힘이었다.

성재가 해를 당하자 친척이 죽은 것처럼 슬퍼하였다. 김공삼이 흩
어진 의병들을 거두어 본진(本陣)을 회복하자 도경은 포사장(砲士
將)을 스스로 맡았다. 군령이 엄격하고, 군율이 정연한 것이 모든 진
(陣)에서 으뜸이었다. 이때 의병들이 침탈을 함부로 하므로 의병이
온다는 말을 들으면 촌락이 텅 비어버렸으나, 박도경과 김영엽의 의
진인 줄 알면 도피했던 자들이 모두 돌아와 전과 같이 편히 지내므
로 옛 의로운 장수의 세심한 풍모가 있었다.

도경은 김공삼과 더불어 은밀히 도모하여 여러 진을 합쳐서 자
강(自强)할 계책을 세웠는데, 여러 진에서 방자하게 횡포를 부린
자는 처벌을 두려워하여 감히 오지 못하고 오직 김영엽 의진만 즉
시 이르러 가협산중에서 휴병(休兵)하였다. 이미 약속을 정한대로
광주부를 도륙할 날짜를 정해 성재 기삼연의 원수를 갚은 뒤에 차
례로 일을 처리해나가기로 계획했는데, 김영엽이 유종여에게 해침
을 당했다. 곧바로 의병을 거느리고 손룡산(巽龍山)으로 들어가서
유종여를 붙잡아 장차 죽이려다가 김영엽을 죽인 두 사람을 먼저
죽이고는 종여를 놓쳐 버렸다. 장성으로 환군(還軍)하여 의병을 훈
련시켰다. 수십 일 만에 조경환(曺京煥)[127]과 김준(金準)이 광주
의 어등산에서 앞뒤로 순국하자, 의병의 형세는 더욱 외롭고 위태
로워졌으나 적의 세력은 날로 더욱 강성하여 여러 진이 차례로 사
로잡혔다.

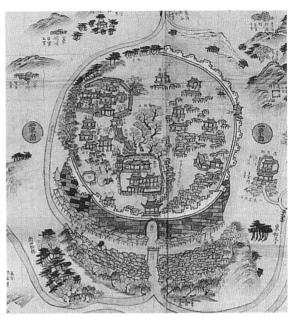

무장 읍성 옛지도, 19세기

무장읍성

박경래 의병장

적의 그물을 벗어날 수 없음을 알고 도경이 말하기를 "의병들은 모두 가서 각자 살 길을 찾으라. 우리 두 사람은 의리로 마땅히 한 번 죽을 뿐이다." 하고 홀몸으로 가협산중에 거처하다가 적이 체포하러 오자 크게 소리치기를 "내가 여기에 있으니 마음대로 잡아가라."하였다. 이미 잡혀서도 안색이 변치 않고 꾸짖는 말이 입에서 끊어지지 않으니 적들도 의롭게 여겼다.

적들이 사진을 보여주며 "꼭 닮았지."라고 하자, 도경이 사진을 땅에 던지며 "나는 포장(砲將)이다. 총을 손에 들고 왜놈을 쫓는 것이라야 이것이 나의 진짜 모습이다." 하였다. 왜적이 그의 말대로 하여 다시 손에 총을 들고 서 있으며 여러 왜놈이 쓰러지는 사진을 찍어 보이며 "이렇게 하면 마음에 들겠는가." 하였다. 그제야 하늘을 우러러 웃으며 "곧 죽을 목숨이 이것만 보아도 족히 통쾌하다." 하였다.

마침 무송(茂松, 고창군 무장면)으로 옮기게 되자 여러 순포(巡捕)를 불러서 말하기를 "너희들이 비록 왜놈에게 붙어서 구차히 살아가나 종자는 본시 대한(大韓) 사람이다. 내가 병이 들어 걸어가지 못하겠으니 나를 메고 가라."하였다. 순포들이 응하지 않으니 수판(手板)으로 때려서 두어 명을 넘어뜨리며 "조선 종자로서 장령(將令)을 어김이 이 지경에 이르렀단 말인가."하였다. 여러 왜적도 그 의기를 장하게 여겨서 순포를 시켜 메고 무송읍(茂松邑)에 이르렀다.

처음에 혹독하게 신문(訊問)하여 힐난하였다. 도경이 말하기를 "나는 마땅히 너희 임금과 말하겠다. 그렇지 않더라도 글로 써서 전할 것이며, 너희들과는 말하고 싶지 않다." 하였다. 왜적이 그 무리가 누구인가를 묻자, 웃으며 "우리 무리 중 쓸 만한 사람은 모두 뒷날에 나의 원수를 갚고 나라 일을 할 사람이니 내가 그들을 댈 수가 없고, 그 나머지는 눈먼 말이 방울소리를 듣고 따라 온 것이니 반드시 댈 것도 없다. 나를 죽이면 족하지 어찌 괴롭게 신문하느냐."하였다. 이후 광주로 압송되었다가 얼마 뒤에 대구로 옮겼다. 공초(供

辭)할 때에 더욱더 엄하여 서울로 옮겼다가 이토 히로부미〔伊藤博文〕가 도로 대구로 보내 처형하게 하였다.

도경이 처음에 붙잡혔을 때 그의 아버지 준식(準植)은 안색이 태연하여 말하길 "우리 아이가 한미(寒微)한 집에 태어났으니 방안에서 죽으면 이웃 마을에서도 혹시 모를 수가 있는데, 이 죽음은 장차 천하만국이 알게 될 것이니 우리 집의 경사로다."하였다. 어머니는 따라가며 "우리 아이가 반드시 왜놈의 음식을 먹지 않을 것이니 죽기 전에는 내가 가서 먹을 것을 만들어 주어야겠다."하였다. 압송하는 왜적이 백성을 강제로 징발하여 번갈아 가마를 메게 했는데 메는 사람이 갈릴 적마다 반드시 십 리를 메고 온 두 인부에게 각각 백 전씩을 주며, "우리 아이가 의병을 거느리고 다닐 적에도 일찍이 약탈한 일이 없으므로 백성들이 괴로운 줄 몰랐는데 이 걸음에 정말로 고생하였으니 원컨대 수고한 값을 받으시오."하였다. 듣는 이들이 감탄하며 "그 아버지 어머니에 그 아들이다." 하였다.

마침내 사형을 당하자 대구의 이서(吏胥)들이 돈을 추렴하여 초상을 치르는데, 마침 약령시(藥令市)가 열릴 때가 되어 북도의 상인들이 많이 왔다. 돈 수백 냥을 모아서 그 어머니에게 주며 반장(返葬)하도록 하였다. 반구(返柩)[128]가 지나는데 영남 선비들이 나와서 상여를 멈추게 하고 제전(祭奠)을 드리는 것이 길을 따라 계속 이어졌다. 술잔을 올리고 절을 하려 하면 어머니가 옷을 당기며 말리기를 "우리 아이는 출신이 미천(微賤)하니 그 의를 사모하여 술을 따르는 것은 가능하지만 사대부(士大夫)가 머리를 굽히는 것은 옳지 않습니다."하니, 듣는 이가 더욱 어질게 여겼다.

|128| 반구(返柩) : 객지에서 죽은 사람의 시신을 본가로 모셔 오는 의식.

義奮抑雅言文夫生世間卧死牖下則其為人可知常有
馬革裹屍之意嘗與人憂國計其人曰子寒微未受國恩
何至如此答曰吾儕絲身穀腹何莫非國恩況五百年世
世為本國臣民而國計至今日忽然若忘天理民彜安在
及五賊貴國國敎災業奇省齋討復興師聞之踴躍曰吾
得死所國志潛締結同志潛收兵械縣庫多藏名砲窄寄於省齋
謂吾縣雖小城郭完固器械精利可資以久省齋寫素聞其
氣義出軍由文殊直擣城下道京與縣內同志寫
出其庫兵一戰而殺多少倭軍示物故者三四未鍊之卒
桑其兵仗而軍已出城道京與同志從後收藏軍眾之日
密奇輸納軍行小給未始非其力及省齋遇害如悲親戚
金公三收聚散卒以復本陣道京自當為砲士將令行禁

上井井有律允於諸陣時侵掠粮藉聞義兵至里落一空
知為朴道京金永睟軍則走避者省返安堵如故斤斤有
古義將風與金公三密謀合諸陣為自強計諸陣之恐寫
侵暴者畏誅不敢至獨金永睟軍卽以休兵於加峽山中
約束竟定剋期屠光府以報省為蠻次等微去計而金永
睟為柳宗次近所單軍入勞龍山中敎鍊士卒凡數旬趙
犯者二人而失宗次遞軍長城敎益孤危而賊勢日益
金睟後先徇死於光州之魚登山報乃曰士卒皆去各自寫
強賊諸陣各率就擒乃免不得徑細乃曰
生吾二人義當一死單身捿加峽賊捕至大言吾在此住
汝既就捕神色不變罵不絕口賊徒義之寫眞示之曰醮

肯道京投地曰吾砲將也手砲逐倭者是吾眞倭依其言
再寫手砲中立群倭披靡之狀曰如此則快於心矣乃仰
天笑曰方死之命見此亦足寫快及移茇松抬諸陣曰
汝輩雖附倭苟活種子乃聲人我病不能行弄我於諸陣
不應以手板擊倒載人曰朝鮮種子遺將令至此宇群倭
牡其義令巡捕舁戕邑初甚窘詰道京自當與甫君
言下不失傳文不欲與汝輩言倭問其黨笑曰我當與甫君
用者皆推押至光州尋移大邱供辭
又不必招殺我足矣何關苦推押至光州尋移大邱使
愈羅移京府博文還付大邱使付處方其就捕其文準植
神色自如曰吾兒微死於牖下聲或不相識此死將使

天下萬國知之吾家之慶母氏隨行曰吾兒必不識賊物
未死前不可不識賊物
十里各百錢曰吾兒領押行倭勒民遞歸旣遇必給二羿丁
良苦顧以受勞聞者嘖嘖稱是父毋宣生是子旣遇害大
邱吏皆出曛金治喪過藥市北商多至會錢數百委其毋
使返蕘返柩所經纏中土人省停柩設貢相續於道其獻
酌而將拜則毋挽衣止之曰吾兒地微寫其義與之酒可
也不可以當士大夫屈首聞者愈益賢之

『송사선생문집습유-박경래』

박경래 朴慶來

· 『松沙先生文集拾遺』卷三,「湖南義士列傳」

朴慶來 字道京 密陽人 世居牟
陽 志尙不群 平居言議氣義聳拔 雅言丈夫生世間 臥死牖下 則其爲
人可知 常有馬革裹屍之意 嘗與人憂國計 其人曰 子寒微未受國恩
何至如此 答曰 吾儕絲身穀腹 何莫非國恩 況五百年 世世爲本國臣
民 而國計至今日 恝然若忘 天理民彝 安在 及五賊賣國 國勢岌嶪 奇
省齋討復興師 聞之踴躍曰 吾得死所 遂締結同志 潛收兵械 縣庫多
藏名砲 密奇於省齋 謂吾縣雖小 城郭完固 器械精利 可資以久 省齋
素聞其氣義 出軍由文殊 直擣城下 道京與縣內同志爲內應 盡出其庫
兵 一戰而殺多少倭 軍亦物故者三四 未鍊之卒 棄其兵仗 而軍已出城
道京與同志 從後收藏 軍聚之日 密奇輸納 軍行小給 未始非其力 及
省齋遇害 如悲親戚 金公三收聚散卒 以復本陣 道京 自當爲砲士將
令行禁止 井井有律 尤於諸陣 時侵掠粮藉 聞義兵至 里落一空 知爲
朴道京金永曄軍 則走避者皆返 安堵如故 斤斤有古義將風 與金公三
密謀合諸陣 爲自强計 諸陣之恣爲侵暴者 畏誅不敢至 獨金永曄軍卽
至 休兵於加峽山中 約束旣定 刻期屠光府 以報省齋讐 次第做去計
而金永曄爲柳宗汝所害 卽治軍入巽龍山中 執宗將殺之 先殺手犯者
二人 而失宗汝 還軍長城 敎鍊士卒 凡數旬 曺□□ 金準 後先殉死於
光州之魚登山 勢益孤危 而賊勢日 益强盛 諸陣次第就擒 知免不得禍

網 乃曰 士卒皆去 各自爲生 吾二人 義當一死 單身捿加峽 賊捕至大
言 吾在此 任汝 旣就捕 神色不變 罵不絶口 賊徒義之 寫眞示之曰 酷
肖 道京投地曰 吾砲將也 手砲逐倭者是吾眞 倭依其言 再寫手砲中
立群倭披靡之狀曰 如此則快於心乎 乃仰天笑曰 方死之命 見此亦足
爲快 及移茂松 招諸巡捕曰 汝輩雖附倭苟活 種子乃韓人 我病不能
行舁我也 巡捕不應 以手板擊倒數人曰 朝鮮種子 違將令至此乎 群
倭壯其義 令巡捕舁至茂邑 初甚窮詰 道京曰 我當與爾君言 下不失
傳文 不欲與汝輩言 倭問其黨 笑曰吾黨中可用者 皆後日 報吾讐 爲
國事者 吾不當招 其餘盲馬聞鈴 又不必招 殺我足矣 何關苦推 押至
光州 尋移大邱 供辭愈嚴 移京府 博文還付大邱使付處 方其就捕 其
父準植 神色自如曰 吾兒寒微 死於牖下 隣里或不相識 此死 將使天
下萬國知之 吾家之慶 母氏隨行曰 吾兒必不識賊物 未死前 不可無
供饋 押行倭 勒民遞舁 旣遞必給二舁丁十里各百錢曰 吾兒領義兵
未甞有侵掠 民不苦之 此行良苦 願以受勞 聞者嘖嘖 稱是父是母宜
生是子 旣遇害 大邱吏胥出釀金治喪 適藥市北商多至 會錢數百 委
其母 使返葬 返柩所經 嶺中士人 皆停柩設奠 相續於道 其獻酌而將
拜 則母挽衣止之曰 吾兒地微 慕其義 與之酒可也 不可以當士大夫
屈首 聞者愈益賢之

12

박영건 朴永健

· 『송사선생문집습유』권3, 「호남의사열전」

박영건[129]은 대대로 모양(牟陽, 고창)에서 살았다. 신의(信義)가 두텁고, 언의(言議)가 뛰어나 고을에서 결정되지 못한 의론이 있을 때에는 그의 말을 기다려 결정한 것이 많았다. 군내에서 청렴하고 공평하다고 일컬어져 그의 말에는 이의가 없었다. 국사가 위급한 것을 보고는 항상 적개(敵愾)의 뜻을 품었다.

마침 성재 기삼연이 의병을 일으키자 계책을 내어 도운 것이 많았고 재물과 무기도 주선한 것이 많았다, 사람을 시켜 몰래 연락하여 "우리 고을이 비록 공간은 협소하나, 사람이 질투심이 없고 성곽이 두텁고 견고하며 무기는 정밀하고 예리하니 근거지로 삼을 만합니다."하였다. 성재가 평소 그의 풍의(風儀)를 들어 문수사(文殊寺)를 경유하여 곧장 고창성(縣城)으로 들어갔다. 영건이 마음을 다하여 주선하니 안팎으로 의지하고 믿어 교전하여 이겼다. 적이 각 고을의 병참에 있는 군사를 불러 모아 사방으로 포위하겠다고 소리쳤다. 영건이 굳게 지켜서 대응책을 세웠으나 훈련되지 않은 의병들이라 들리는 소리에 겁을 내어 거의 다 흩어져 없어지고 행낭과 무기도 함께 버려졌다. 장령(將領)과 참모들도 어쩔 수 없이 차례로 샛길을 찾아 나가다 총탄에 맞아 죽은 자가 서넛이었다.

|129| 박영건 : 인적사항은 알 수 없으며, 현재 미서훈자.

영건은 그의 계획대로 실천하지 못함을 안타깝게 생각하였으나
의병들을 저지하여 막을 도리가 없었다. 이에 행인과 더불어 그 행
낭과 무기를 모두 수습하여 숲 속에 감추어 두었다가 의병이 다시
모이는 날에 샛길로 운반하여 다 주고, 죽은 사람을 수습해 매장하
고는 그의 집에 기별을 보내 알려주어 반장(返葬)하게 하였다. 만약
의병 활동을 할 때 그의 계책대로 성첩을 굳게 지키면서 기습(奇襲)
과 요격(邀擊)을 벌였다면 반드시 당일과 같은 패배는 없었을 것인
데 사용하지 않은 것을 어찌 하겠는가. 내가 듣기를 그의 의기와 계
략이 남들보다 뛰어났다고 하는데 장차 써 보지도 못하고 묻히게 되
었다. 이 뒤에 일이 있어서 그의 포부를 발휘할 날이 있을 것인가.

其緒或有其日耶
略出人意表若將可撝而又不免惓而懷之歎後有事德發
奇邀擊則必無償事如當日而奈不用何吾聞其氣義籌
死人通奇其家使之返葬向使軍行用其策固守城堞設
盡收其囊橐械仗藏之叢林中軍衆之日間道轈致收埋
死者三四永健慨其謀畫之不用而救止無及乃與行人
囊橐械仗將領參謀不得不交第尋閒路而出爲流丸中
爲固守應變之策而不智之兵怵於風聲散么殆盡弁棄
章外內倚伏交兵得利賊招集各邑站兵聲言四圍永健
以爲地省齎素聞其風儀由文殊直入縣城永健悉心周

奇曰吾縣雖地方狹小人無恨心城郭厚完器械精利可資
奇省爲藥養旅多所費畫財穀與械仗多所方嚬使人密
其言郡中稱廉公言下無貳議見國事蕩板常懷敵愾及
朴永健世居年陽信義文李吾議峻爽鄕議有不夬多待

『송사선생문집습유-박영건』

박영건 朴永健

· 『松沙先生文集拾遺』卷三, 「湖南義士列傳」

朴永健世居牟陽 信義交孚 言
議峻爽 鄕議有不決 多待其言 郡中稱廉公 言下無貳議 見國事蕩板
常懷敵愾 及奇省齋擧義旅 多所贊畫 財穀與械杖 多所方便 使人密
奇曰 吾縣雖地方狹小 人無怢心 城郭厚完 器械精利 可資以爲地 省
齋素聞其風儀 由文殊直入縣城 永健悉心周章 外內倚仗 交兵得利
賊招集名邑站兵 聲言四圍 永健爲固守應變之策 而不習之兵 怵於風
聲 散亡殆盡 并棄囊橐械仗 將領糸謀 不得不次第尋間路而出 爲流
丸中死者三四 永健慨其謀畫之不用 而救止無及 乃與行人 盡收其囊
橐械仗 藏之叢林中 軍聚之日 間道輸致 收埋死人 通奇其家 使之返
葬 向使軍行用其策 固守城堞 設奇邀擊則 必無僨事如當日 而奈不
用何 吾聞其氣義籌略 出人意表 若將可撼 而又不免捲 而懷之 竢後
有事 擴發其蘊 或有其日耶

13

박원영 朴源永

· 박원영(朴源永)【광주(光州)】[130] |『염재야록』건, 권1

[130] 원전의 나주(羅州)는 광주(光州)의 오기이다(『湖南節義錄』下, 광주향교, 1964, 87쪽).

[131] 박원영(미상-1896) : 광주광역시 출신, 광주향교의 재임. 1896년 기우만의 장성의진 참여, 애국장 추서.

[132] 기우만의 장성의진은 1896년 음력 2월 하순 남로선유사 신기선(申箕善)의 해산 지시로 해산하였다. 이후 전주진위대(중대장, 김병욱(金秉旭)가 광주로 진입하여 광주향교 재임인 박원영을 처형함.(홍영기,『대한제국기 호남의병 연구』, 일조각, 2004, 148쪽 각주 85 참조).

[133] 기우만,『송사선생문집(松沙先生文集)』권23,『祭朴周玉文』

박원영[131]의 자는 주옥(周玉)이다. 그는 병신년(1896)에 송사(松沙) 기우만(奇宇萬)의 장성의진을 위해 활동하다가 의병이 패한 후 체포되어 적을 꾸짖고 사망하였다.[132] 송사는 그를 위해 제문[133]을 지어 이르길

"아! 호남에서 공이 죽지 않았다면 내가 천하에 무슨 말을 하겠으며 내가 후세에 무슨 말을 하겠는가? 한번 죽음으로 이미 끊긴 양맥(陽脈)을 부식(扶植)하고 장차 무너질 선비의 기풍을 다시 일으켜 위로는 선왕(先王)이 배양(培養)하는 혜택을 갚고, 아래로는 사문(斯文)이 예의(禮義)에 길들여진 풍속을 돈독하게 하였으니 공 같은 사람은 비록 죽었지만 군자(君子)들은 죽지 않았다고 하였습니다. 이것은 공자(孔子)가 말씀하신 것과 같이 인(仁)을 이루는 것이며 맹자(孟子)가 말씀하신 것과 같이 의(義)를 취한 것입니다. 저들은 죽지 않아도 될 사람이 죽었다고 공을 비방하지만 그들은 어찌 우리 머리 위에 부모가 주신 두발(頭髮)이 완전하고 우리 몸에 선왕의 법복(法服)이 보존된 것이 누구의 힘인 줄 알겠습니까.

[134] 원전에 '동비(東匪)'라 되어 있다.

지난 갑오년(1894)에 동학당[134]이 난을 선동하고 있을 때 공

이 한밤중에 나에게 와서 말하기를 '저들이 국가를 어지럽히고 선비를 적으로 생각하고 있으니 의병을 일으켜 토멸하는 것이 시급합니다. 공이 격문(檄文)을 사방으로 보내주시면 저는 당연히 밑에서 돕겠습니다.'라고 하자, 나는 말하기를 '들은 말에 지금 한양 병사가 남쪽 지방으로 내려온다고 하니 그렇게 되면 즉시 도이(島夷)가 도성(都城)으로 들어갈 텐데 도성의 아래에서 안일하게 지내고 있으니 이것이 가장 걱정입니다. 의병을 일으킬 날은 당연히 있을 것이니 이것은 가려운 병에 불과한 일입니다.'라고 하므로 공은 '네네' 하고 자리를 떠났습니다. 공이 가슴속에 간직한 정직한 뜻을 그 대략이나마 이미 엿볼 수 있었습니다. 동학당이 사라지는 것은 나의 의견과 같았으나 도이(島夷)들은 기회를 열어주고 역신(逆臣)이 명령을 함부로 내려 옛 헌장(憲章)을 변경하였으며 국모에게 화를 끼치고 임금에게 위협하였습니다. 그들은 강제로 백성을 삭발하고 궁중의 어가(御駕)를 협박하여 내쫓고 있으니 나라는 나라가 아니고 사람은 사람이 아닙니다. 우리는 자신의 힘을 헤아리지 않고 격문을 전하여 의병을 소집하였습니다. 공이 옛날 말하던 것이 생각나 서신을 보내어 책략을 말하자 공은 서신을 받은 즉시 와서 눈물을 흘리고 책상을 치면서 함께 죽기를 맹서하였습니다. 나 같은 사람은 병들고 나약하였지만 공이 계략을 정하기를 기다렸는데 그 계략은 일도양단(一刀兩斷)하는 것과 같습니다. 저들은 생사를 두려워하여 의병에게 군량 주기를 인색해 하면서 백방으로 저지하면서, 임진왜란 당시에는 그렇게 하는 때이지만 오늘날은 그렇게 하는 때가 아니라고 말하지 않은 사람이 없습니다.

아! 임진왜란 당시에는 외국의 오랑캐가 난을 일으켰으므로 충신과 고관이 왕실을 도와 선왕의 전례(典禮)가 옛날과 같이 보존되고 궁중의 어가(御駕)가 비록 파천(播遷)하였지만 우리 강토에 머물고 있었습니다. 지금은 국내외가 적이 되어 배와 등 양쪽에서 대적하고 있습니다. 이들은 조정을 마음대로 바꿔놓고 전장(典章)을 마음대로 고쳤으며, 백성의 두발을 깎고 임금을 축

출하여 이방(異邦)의 공관(公館)에 머물게 하였으며, 강한 인국(隣國)을 믿고 종묘(宗廟)에 제사 지내지 않으며, 사직(社稷)이 빈터가 되고 중화(中華)가 이적이 되었으며, 사람이 금수로 변하는 것이 조석에 달려 있으니, 그 위태로운 형세가 임진왜란보다 몇 배나 더할 뿐 아닙니다. 흉측한 저 도이(島夷)는 나라에 있어서는 나라의 원수이며 가정에 있어서는 가정의 원수입니다. 그리고 저 역당은 선왕의 유신(遺臣)이 아닌데 어찌 선조의 유체(遺體)라고 할 수 있겠습니까? 그들은 훼방하는 마음을 갖고 있는 줄도 모르고 이미 왜인(倭人)과 양인(洋人)의 장두(腸肚)와 결탁하였고, 또 하루라도 사는 것은 도모할 줄 모르고 백세(百世)의 공의(公議)에는 죽는 거나 마찬가지가 되었습니다. 그렇다면 공이 죽는 것은 하루에 죽는 것이지만 백세의 공의에는 살아있는 것이니 하루와 백세는 어느 것이 짧고 어느 것이 더 길다고 할까요? 명령을 관장하는 사람은 은밀히 유시(諭示)하여 의병을 장려하고 있지만, 그들은 군부(君父)를 위협하여 못하는 일이 없고, 군대를 해산하라는 명령을 내리고 있으니 이것은 난리가 일어날 날이 때가 없겠지만 쥐를 보고 그릇이 깨질까봐 던지지 못한 것도 혐오가 없다고 말하지 못할 것입니다.

교궁(校宮)으로 나가 잠을 잘 때도 생도를 모두 보내고 동해(東海)로 도주하거나 칼로 자결을 하고 싶어도 나는 그런 계획을 정하지 못하였습니다. 공은 내 손을 잡고 말하기를 '공은 몸을 아끼세요. 하늘은 화를 후회하여 보답할 날이 있을 것입니다.'라고 하였습니다. 나도 크게 깨닫고 계획을 정하여 산속으로 들어가려고 생각하였으나, 우리가 수작(酬酢)[135]하는 사이에 공이 생명을 가벼이 할까 염려되어 이별할 때 세 번을 돌아보며 공에게 자중(自重)하라고 말하자 공은 '공이 살면 나도 살고 공이 죽으면 나도 죽겠습니다.'라고 하였습니다. 나는 마음이 놓여 길을 떠났는데 목숨을 홍모(鴻毛)[136]처럼 던지고 죽음을 택하여 의리를 달게 받아들이는 것이 이렇게 빠를 줄 어찌 생각이나 하였겠습니까?

광주향교

조용히 들으니 공이 죽을 때 기색이 늠름하자 전주진위대(全州鎭衛隊)|137|는 공을 협박하여 '우리의 마부〔僕御〕가 되어주면 살려 주겠다.'고 하였습니다. 공은 큰소리로 '너희를 따라 공경(公卿)이 된다 해도 나는 더럽게 생각할 것인데 너희의 마부가 되란 말이냐'라고 하므로 그들은 '그렇게만 한다면 묶은 손을 풀어주겠다'고 하였습니다. 공은 '머리를 자른 장부(丈夫)는 있어도 손을 묶인 유생(儒生)은 없다'고 하였다고 합니다. 이 한마디 말은 목숨을 버리고 살기를 바라지 않으며 큰 절의(節義)에 임해서는 그 뜻을 빼앗을 수 없다고 말할 만 하였습니다.

공은 일찍이 나와 열읍(列邑)에 답할 격문(檄文)을 읽으면서, '물고기를 먹고 싶은 마음이 어찌 맛있는 곰 발바닥같이 좋을 수가 있으며, 기왓장이 온전하더라도 부서진 옥(玉)만 못하다〔魚之欲 曷若熊之美 瓦而全 不如玉而碎〕'라는 한 구절을 가리키며 '참으로 내 마음을 잘 표현하였다.'고 오랫동안 감탄하였는데 결국 맛있는 곰과 부서진 옥을 택하였으니, 아, 빛나는 일이었습니다! 단 내가 공에게 한이 없지 않은 것은, 공은 살아있는 것을 더럽게 여기고 죽는 것을 집으로 돌아가는 것처럼 여기었지만, 나에게는 스스로 몸을 아끼라고 권하였으니, 어찌 공은 물고기를 나에게 사양하고 자신은 맛있는 곰을 취하였으며, 온전한 기왓장을 나에게 맡기고 자신은 부서진 옥으로 자처하였습니까? 이것을 감히 한탄하는 것이 아니라 저승에 가서 만나면 내가 이 말로 농담을 하려고 하는 말입니다.

내 자신을 돌아볼 때 큰 절의를 저버렸지만 어찌 감히 고향으로 돌아가 아내와 아들을 돌보지 않겠습니까만 외롭게 산속으로 들어가 목석(木石)과 짝을 이루어 살고 있으니 죽어있는 것과 겨우 한 칸의 차이라고 할 것입니다. 그날이후 보아서는 안 될 것을 보고 들어서는 안 될 것을 들은 것은 죽는 것만 못하므로 이제야 공은 먼저 높은 곳에 정착하여 낮은 것을 생각하지 않았다는 것을 알았습니다. 만산(萬山)에 눈이 쌓여 온갖 풀들이 말라 죽었지만 외로운 소나무와 빼어난 잣나무가 묵묵히 서 있으니 공의 기상을

본 것 같습니다. 하늘은 길고 땅은 오래 남아 있으니 아득하고 아득하여 어찌 끝이 있겠습니까?" 라고 하였다.

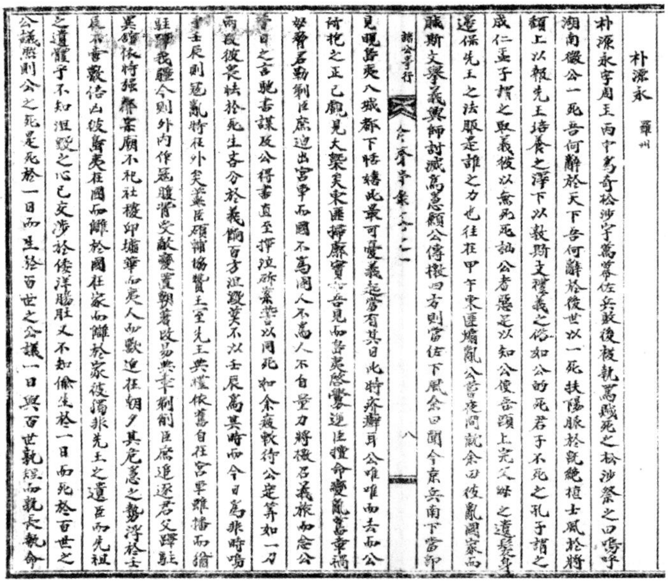

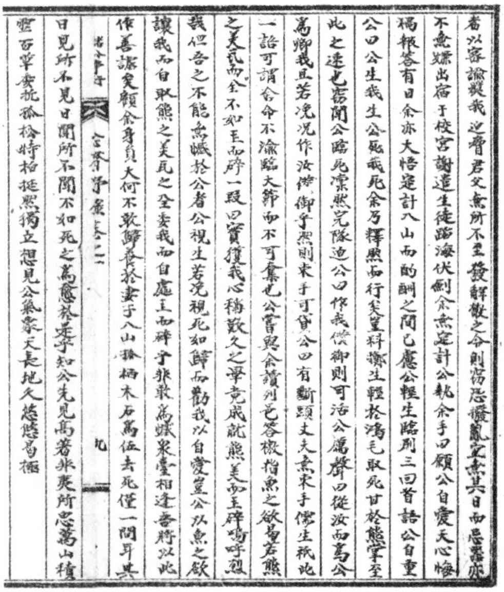

『염재야록-박원영』

박원영 朴源永

· 朴源永【光州】｜『念齋野錄』乾, 卷之一

朴源永 字周玉 丙申爲奇松沙
宇萬幕佐 兵敗後被執 罵賊死之 松沙祭之曰 嗚呼 湖南微公一死 吾
何辭於天下 吾何辭於後世 以一死 扶陽脈於旣絕 植士風於將頹 上
以報先王培養之澤 下以敦斯文禮義之俗 如公的死 君子不死之 孔子
謂之成仁 孟子謂之取義 彼以無死死詞公者 惡足以知公 使吾頭上完
父母之遺髮 身邊保先王之法服 是誰之力也 往在甲午 東匪煽亂 公
嘗夜間就余曰 彼亂國家而賊斯文 擧義興師 討滅爲急 願公傳檄四
方 則當佐下風 余曰聞今京兵南下 當卽見睍 島夷入城 都下恬嬉 此
最可憂 義起當有其日 此特疥癬耳 公唯唯而去 而公所抱之正 已覷
見大槪矣 東匪掃廓 實如吾見 而島夷啓釁 逆臣擅命 變亂舊章 禍母
脅君 勒剃臣庶 迫出宮車 而國不爲國 人不爲人 不自量力 將檄召義
旅 而念公昔日之言 馳書謀及 公得書直至 揮泣斫案 誓以同死 如余
疲軟 待公定籌 如一刀兩段 彼畏怯於死生 各分於義餉 百方沮毀 莫
不以壬辰爲其時 而今日爲非時 嗚乎 壬辰則寇亂特在外矣 蓋臣碩輔
協贊王室 先王典禮 依舊自在 宮車雖播而猶駐蹕我疆 今則外內作寇
腹背受敵 變置朝著 改易典章 剃削臣庶 追逐君父 蹕駐異館 依恃强
隣 宗廟不祀 社稷邱墟 華而夷人而獸 迫在朝夕 其危急之勢 浮於壬
辰 不啻數倍 凶彼島夷 在國而讎國 在家而讎於家 彼獨非先王之

遺臣而先祖之遺體乎 不知沮毀之心已交涉於倭洋腸肚 又不知偸生
於一日而死於百世之公議 然則公之死是死於一日 而生於百世之公
議 一日與百世 孰短而孰長 執命者以密諭獎義 迫脅君父 無所不至
發解散之令 則竊恐撥亂宜無其日 而忌器亦不無嫌 出宿于校宮 謝遣
生徒 蹈海伏劍 余無定計 公執余手曰 願公自愛 天心悔禍 報答有日
余亦大悟 定計入山 而酌酬之間 已慮公輕生 臨別三回首語公自重
公曰公生我生 公死我死 余乃釋然而行矣 豈料擲生輕於鴻毛 取死甘
於熊掌 至此之速也 竊聞公臨死凛然 完隊迫公曰 作我僕御則可活
公厲聲曰 從汝而爲公爲卿 我且若浼 況作汝僕御乎 然則束手可貸
公曰有斷頭丈夫 無束手儒生 祇此一語 可謂舍命不渝 臨大節而不可
奪也 公嘗與余讀列邑答檄 指魚之欲曷若熊之美 瓦而全不如玉而碎
一段曰 實獲我心 稱歎久之 畢竟成就熊美而玉碎 嗚呼烈哉 但吾之
不能無憾於公者 公視生若浼 視死如歸 而勸我以自愛 豈公以魚之欲
讓我 而自取熊之美 瓦之全委我 而自處玉而碎乎 非敢爲憾 泉臺相
逢 吾將以此作善譴矣 顧余身負大何 不敢歸養於妻子 入山孤栖 木
石爲伍 去死僅一間耳 其日見所不見 日聞所不聞 不如死之爲愈 於
是乎知公先見高著 非夷所思 萬山積雪 百草委折 孤松特柏 挺然獨
立 想見公氣象 天長地久 悠悠曷極

14

성경수 成卿修

· 『송사선생문집습유』권3, 「호남의사열전」

|138| 성경수 : 인적사항은 알 수 없으며, 현재 미서훈자.

성경수|138|는 본관이 창녕이고, 대대로 무송(茂松)에서 살았으며 유학(儒學)을 이어받았다. 어려서부터 성재 기삼연에게 가서 배웠다. 삼가고 민첩하고 바르고 엄정하게 하여 공부에 일정한 법도가 있었다. 성재가 일찍이 나를 보고 말하기를 "같이 공부하는 여러 생도가 있으나 마침내 성취할 자는 나는 성군이라 믿는다."하였다. 나는 그 인연(因緣)으로 성군과 서로 알게 되었다. 그 뜻이 출중하여 역사서를 읽다가 절조와 의리를 위하여 죽는 대목에 이르러서는 감탄하며 무릎을 쳤다.

마침 성재가 왜적을 토벌하여 원수를 갚으려고 의병을 일으키자 성군이 강개하여 의병진에 따르고자 하였다. 성재는 그의 나이가 아직 어리고, 또 늙은 부모가 집에 계시므로 집에 있으면서 독서(讀書)하라고 권하였다. 군은 아버지에게 받은 재산이 많았는데 재산을 내어 군량을 공급하였다. 비록 재물을 쏟아 붓고도 인색하지 않았다.

성재가 실패하여 몸이 참혹한 화를 당하자 군은 친척의 죽음을 슬퍼하듯 하였다. 문을 닫고 춘추(春秋)를 읽으면서 나라와 스승의 원수를 갚을 뜻은 간절하였으나 도리어 그 기회를 얻지 못하고 아직 방황하고 있었다. 아! 조정에 대대로 고관을 지낸 친근한 신하들이 모두 이런 마음이 있다면 중원의 오랑캐도 쫓기 쉬울 터인데, 달갑게 왜적이 부리는 개와 매가 되어 임금을 팔고 나라를 파는 자는 도대체 이것이 무슨 마음이란 말이냐? 바라노니 군은 더욱 그 뜻을 더욱 견고히 하여 물이 불어 배가 뜰 때[139]를 기다려라. 하늘이 우리나라를 도울 그 날이 혹 있을 것이다.

호남의사 중에 혹 죽은 이나 혹 살아 있는 이를 모두 적어 사록(私錄)을 만들었는데, 몇몇 군자들은 모두 의병을 같이 한 일단(一團)이므로 여기에 따로 써서 그 집안사람들에게 상고함이 되게 하고자 한다.[140]

|139| 물이……뜰 때 : 원문 수도선부(水到船浮)는 물이 불어나서 자연스럽게 배가 뜨는 것으로, 치지(致知)의 공부가 쌓여서 모든 일이 인위적인 힘을 쓰지 않아도 절로 이치에 맞게 됨을 뜻한다.《朱子語類 訓門人》

|140| 기우만의 「호남의사열전」의 말미에 부기된 내용이다.

『송사선생문집습유-성경수』

성경수 成卿修

· 『松沙先生文集拾遺』卷三, 「湖南義士列傳」

成卿修 昌寧人 世居茂松 儒行
克世 自少負笈於奇省齋 謹敏雅勅 課程有常度 省齋嘗爲余言 同硯
有多少生徒 而終能成就者 吾信成君 舍緣相識 盖其志尙不群 讀史
至伏節死義處 欽艷擊節 及省齋討復擧義 君慷慨 欲赴義幕 省齋爲
其年尙少 且親老在堂 勸之在家讀書 君父貲頗饒 出義爲軍餉 雖傾
儲不吝 而及省齋僨事 身嬰酷禍 君如悲親戚 閉戶讀春秋 國讎師讎
志切雪復 而顧未得其便 尙此栖屑徊徨 嗚呼 國朝世臣親臣 皆有是
心 則中原之戎虜易逐 而甘心爲鷹犬 販君賣國者 抑獨何心哉 願君
益堅其志 以待水到船浮 天祚大東 或有其日矣

湖南義士或死或生 并識爲私錄 而此數三君子 皆同事中一團 故別
抄於此 以爲其家人攷焉

114

15

안규홍 安圭洪

· 안제원(安濟元)[141]【보성(寶城)】|『염재야록』건, 권3

안제원은 자가 제원(濟元)이고 우산(牛山, 안방준)의 후손으로 죽산인(竹山人)이다. 어려서부터 간국(幹局)과 여력(膂力)이 있었으나, 어리석은 사람으로 행세하여 그의 재능을 알아보는 사람이 없었다. 의병이 사방에서 일어났다는 소문을 듣고 세상에 뜻을 얻지 못한 무뢰배를 모아 병참(兵站)을 급습하여 무기를 노획한 후 김태원과 호응하였다. 그는 전투에 임할 때 임기응변의 계책이 다른 의병장보다 뛰어나 그를 믿고 따르는 의병이 많아 군(軍)의 위엄이 자연히 확립되었다. 세상 사람은 그를 안담사리(安擔事理) 의병이라고 하였다. 대개 집안이 가난하여 남의 고용살이를 하였는데 세속에서 고용살이를 한 사람을 담사리(擔事理)라고 하였다. 제원은 김태원이 전투하다 사망했다는 소식을 듣고 의병을 해산하고 자신도 숨어버려 그가 어디로 사라졌는지 아무도 알 수가 없었다.[142]

안규홍 의병장

|141| 안제원(1879-1910) : 안규홍을 가리키는데, 전남 보성 출신. 1908년 봄 보성을 비롯한 전남 동부지역에서 활동. 1909년 9월에 체포되어 이듬해 6월 순국, 독립장 추서. 안규홍은 흔히 '안계홍(安桂洪)'으로 잘못 알려져 있다(홍영기, 『대한제국기 호남의병 연구』, 일조각, 2004, 326쪽의 각주 322항 참조). 그의 자나 호는 잘 알 수 없으나 '덕봉(德峰)'으로 기록되어 있기도 하다(『海山倡義錄』, 1961, 2쪽).

|142| 안규홍은 1909년 9월 25일 체포되었다(홍영기, 앞의 책, 36쪽의 각주 426항 참조). 그후 재판을 거쳐 1910년 6월 22일 대구감옥에서 교수형으로 순국하였다(『구한국관보』 제4717호(1910.6.29)).

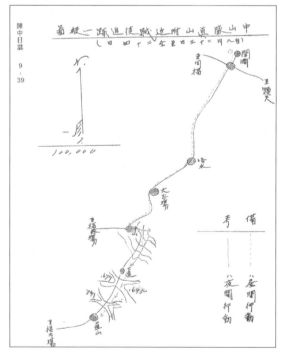

●담사리가 寶城牛山居安某

嶺에 담사리ᄒᆞᄂᆞᆫ人이有ᄒᆞᆫ대數
年來에世俗役에勤懇ᄒᆞ매雇級
도不受ᄒᆞ고 主人이其히誠信히稱
賞ᄒᆞ더니去年九月分에突然히
主人ᄭᅴ辭ᄒᆞ고挽留ᄒᆞ되不顧
ᄒᆞ고近處各洞에담사리ᄒᆞᆫ者
ᄅᆞᆯ聚集ᄒᆞ고慨然히道說
百餘名을聚集ᄒᆞ고慨然히道說
ᄒᆞ야日吾輩가비록人家에雇備
ᄒᆞ나遺民된대今日國
ᄒᆞᆫ悲慘ᄒᆞᆫ時를當ᄒᆞ야엇지敢
聞에셔擧ᄒᆞ야ᄅᆞ리오ᄯᅩ於是게
義旗를擧ᄒᆞ며遠近이響應ᄒᆞ야
湖南各處에派와聲勢相낟하다며
라

『담산실기』, 1954
대한매일신보, 1909. 1. 9
안규홍 의병장 파청 승첩비 | 1947, 보성 조성면
보성 진산부근 일제의 작전도

안규홍 安圭洪

· 安濟元【寶城】 | 『念齋野錄』乾, 卷之三

安濟元 字□□ 牛山後 竹山人
也 生而有幹局膂力 然以愚痴自晦 故人莫之知也 聞義兵四起 遂嘯
聚落拓無賴之流 殺掠兵站 取得鎗砲 與金泰元相應 臨戰應變出人意
表 故信從者衆 而軍威自立世人謂之 安擔事理義兵也 蓋嘗家貧 爲
人雇傭 故俗號雇傭曰 擔事理也 濟元聞泰元戰亡 解兵匿身 不知其
下落也

李錫庸

16

이석용 李錫庸

· 이석용(李錫庸)【임실(任實)】| 『염재야록』건, 권3

|143| 이석용(1877-1914) : 전북 임실 출신. 1907년 음력 8월 진안 마이산에서 의병을 일으켜 주로 전북지방을 무대로 활동, 1908년 후반 크게 패배한 후 의진 해산. 1912년 임자밀맹단을 결성하여 활동중 1913년에 체포되어 이듬해 순국. 『대한의장 호남창의록』, 『정재선생문집』 등이 전하며, 독립장 추서.

이석용 의병장

이석용|143|은 자가 경항(敬恒)이고, 호가 정재(靜齋)로 전주인이다. 사람됨이 강직하고 영민하여 일찍부터 학문에 뜻을 두고 면암(勉庵) 최선생의 문하에서 종유(從遊)하였다. 공은 면암의 의병이 실패한 후 회계(會稽)의 치욕을 씻고자 상사(上舍) 고광수(高光秀)·방사(方士) 서사규(徐士奎)|144|·이평해(李平海)|145| 등과 계략을 짜고 의병 수 백 명을 모집하여 영·호남을 왕래하면서 일본의 병참(兵站)을 약탈하거나 일병을 살해하는 일을 가장 많이 하였고, 수년 동안 전사한 우리나라 의병의 시체를 찾아다니며 매장해 주고 제문을 지어 위로해 주었으며, 그 백일에 드러난 해골이 모래밭에서 뒹굴지 않도록 해 주었다.

그리고 의병의 위용을 엄숙하게 하고 제반 군비를 사용할 때도 백성이 기꺼이 내주지 않으면 그 밖에 강제로 갈취하는 일이 없으므로 의병의 명성이 크게 떨치었다. 그러나 시국의 형세가 불리하게 돌아가자 의병을 해산하고 자취를 감추어 지내다가 불행히 한인 순사 김대운(金大運)에게 체포되어 갑인년(1914) 4월 4일 대구에서 처형되었다. 이때 영남유생 김형돈(金炯敦)이 의연금 1,000냥을 내놓고 고향인 장수(長水)

의 선산에 공의 장례를 치러 주었다.

　무신년(1908) 봄에 일본 장수 기쿠치[菊池][146]는 이석용에게 서신을 보내어 "나는 남원의 사촌(沙村)[147] 전투에서 국사(國士, 이석용)의 서대(書袋)를 구하여 그 내용을 읽어보고 그의 지기(志氣)에 감동하였습니다. 그러나 대세가 이미 정해지고 시국 역시 불리하게 돌아가고 있는데 국사께서는 오히려 병사를 거느리어 공연히 백성을 어지럽히고 대한제국에 한 치의 공이 없으니 한갓 죽음만 있을 뿐입니다. 그렇다면 이것은 국사의 수치라고 할 것이므로 속히 마음을 바꾸어 병사를 해산한다면 대한제국의 백성에게 혜택이 미치고 우리도 후하게 대우할 것입니다. 대체로 논한다면 대한제국의 씨족이 이석용을 폭도라고 헐뜯을 것이니 이 기쿠치의 말이 어떻다고 생각하십니까?"라고 하였다.

〈전주공판기록〉

　갑인년(1914) 정월 12일 전주공판기록에는 "폭도의 거괴(巨魁) 이석용이 자칭 의병대장이라고 하면서 다수의 부하 의병을 모집하여 전북과 경남을 횡행(橫行)하고 풍운을 야기하다가 작년 10월에 임실에서 체포되므로 임실경찰서에서는 해당 지청 검사국으로 압송하여 살인·방화·강도 등의 죄목으로 취조하였다."고 하였다.

　이때 공의 나이는 37세였으며 긴 상투에 평복을 입고 있었고 마

|144| 서사규 : 인적사항은 알 수 없으며, 현재 미서훈자.

|145| 이평해 : 인적사항은 알 수 없고, 의병을 일으켜 전북 고창 정읍 임실 등지에서 활약. 현재 미서훈자.

|146| 기쿠치 누시도노[菊池主殿] : 대구에 주둔한 일본 보병 제14연대의 연대장(『진중일지』Ⅰ, 토지주택박물관, 2010, 24-33쪽).

|147| 전북 남원시 보절면 사촌리이다.

신한민보, 1914. 5. 21

마를 앓은 흔적과 듬성듬성한 수염 차림으로 외모가 지저분하여 들었던 소문과는 차이가 있었다. 그러나 공은 취조할 때 조금도 두려워하는 모습이 없고 말과 웃음이 태연하였다. 일본인과 조선인으로 가득한 방청객은 법정 뜰 안팎을 감싸고 있어 어깨가 서로 닿고 발이 서로 밟히어 입추(立錐)의 여지가 없이 인산인해(人山人海)를 이루었다.

〔1문〕 책을 많이 읽었다고 하는데 과연 그렇습니까?

〔답〕 사서삼경(四書三經) 이외에 제반 백가(百家)의 글도 모두 섭렵하였다.

〔2문〕 재산이 있습니까?

〔답〕 가난한 선비가 어찌 재산이 있을 리가 있겠는가.

〔3문〕 어떤 목적으로 감히 의병활동|148|을 하였습니까?

〔답〕 너희 일본인을 배척하려고 한 것이다.

〔4문〕 통솔하고 있는 부하가 300명이라고 하는데 과연 그렇습니까?

〔답〕 그렇다.

〔5문〕 조선을 일본이 병합한 이후 천황제(天皇帝)의 은혜가 망극하여 일반 신민이 모두 돌아와 기뻐하고 있는데 당신도 충실한 신민이 되고 싶습니까?

〔답〕 차라리 대한의 개와 닭이 될지언정 너의 나라에 신민이 되는 것은 원치 않는다.

〔6문〕 의병이란 명칭으로 인명을 살해하고 촌가를 방화하고 공금을 강탈하였는데 어찌 이와 같은 불법을 저질렀습니까?"

〔답〕 대한제국을 배반하고 일제에게 아부한 자를 부득이 살해해야 되기 때문에 불을 질렀고, 공금은 본래 우리 대한국의 세금이므로 임금님이 잃어버렸으면 신하가 취하고 아버지가 잃어버렸으면 자식이 취하는 것은 이치상 당연한 것인데 어찌 불법이라고 하느냐?

〔7문〕 그렇다면 병사를 해산시키고 잠적은 왜 하였습니까?

〔답〕 형세가 불리하여 뜻을 이루지 못할 줄 알았으므로 잠시 의병

을 휴식하여 후일의 기회를 기다리려고 그런 것이다.

〔8문〕 스스로 충신과 의사라고 하면서 이미 성공하지 못할 줄 알았으면 죽어야지 어찌 구구하게 살아서 다니다가 이와 같이 욕을 보십니까?

〔답〕 너희가 어찌 내가 죽지 않는 것을 알 수 있겠느냐. 옛날 제갈공명은 여섯 번이나 기(祁)에 나갔고 강유(姜維)는 아홉 번이나 중원(中原)을 정벌하였지만 그들은 모두 성공하지 못할 줄 알고 행한 것이다. 비록 내가 이루지 못할 줄 알았으나 몸을 구부리고 충성을 다하여 죽은 후에 그만 둘 뿐이다. 나도 당당한 국사(國士)로서 후일에 복수를 도모할 것을 생각하지 않고 어찌 스스로 죽을 수 있겠느냐?

〔9문〕 창의록(倡義錄)[149]을 장황하게 기록하였는데 어디에 사용하려고 그렇게 하였습니까? 그리고 불망록(不忘錄)[150]은 무슨 의미가 있기에 그렇게 하였습니까?

〔답〕 창의록은 충분(忠憤)에 복받쳐 부득이 기록하여 일본정부에 보내려고 한 것이며, 불망록은 의병을 일으킨 지 5~6년이 지난동안 여러 친구가 많이 도와주었기 때문에 후일 그 은혜를 보답하기 위한 것이다.

〔10문〕 사실심문은 마쳤습니다. 당신도 자기에게 이익되는 말이 있다면 꺼려하지 마시고 다 말씀해 주십시오.

〔답〕 지금은 포로로 붙잡혀 있으니 속히 죽여주기를 바랄 뿐이다. 어찌 구구하게 내 이익을 말하겠느냐. 비록 그렇다 하더라도 단 한이 되는 것은 이토 히로부미〔伊藤博文〕는 안중근(安重根)의 손에 죽었으니 나는 뒤를 이어 데라우치 마사타케〔寺内正毅〕와 한국의 오역(五逆)과 칠적(七賊)을 죽이지 못한 것이다. 그리고 일본의 도쿄〔東京〕와 오사카〔大阪〕에 불을 지르지 못한 것이다.

재판장이 출석하여 이석용에게 기립하라고 하자 이석용은 말하기를 "기립은 경의를 표한 것이니 어찌 원수에게 경의를 표할 이치

|149| 현재 이석용의 창의일기가 전한다(『대한의장 호남창의록』).
|150| 이석용 의진을 지원해준 사람을 잊지 않기 위해 기록한 자료.

가 있겠느냐? 그러므로 전일에도 하지 않았는데 어찌 그리 번거로운 일이 많느냐."라고 하자 일본 간수(看守)들이 겨드랑이를 붙들고 억지로 일으키자 이석용은 그들을 꾸짖기를 "너희가 나를 강제로 일으켰으나 내 마음은 일어나지 않았는데 어찌 하겠느냐?"라고 하였다. 판사가 사형선고문을 낭독하고 자리에서 물러가자 이석용은 태연히 말하기를 "가사를 부탁하려고 하니 우리 아들 면회를 해달라."고 하므로 그들은 아들을 데리고 와서 이석용 앞에 절을 올리자 이석용은 다만 효도와 우애에 관한 두어마디 말만 부탁하였다. 이때 그의 안광(眼光)은 번쩍번쩍 빛나며 특이한 광채가 밖으로 빛났었다.

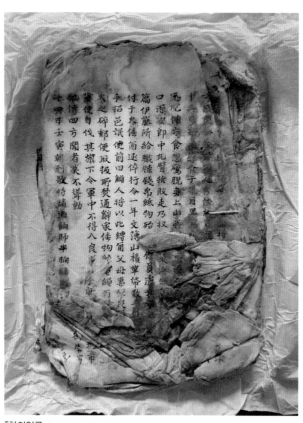

『창의일록』

이석용 李錫庸

· 李錫庸【任實】｜『念齋野錄』乾, 卷之三

　　　　　　　　　李錫庸 字敬恒 號靜齋 全州人
也 爲人剛毅明敏 早志於學 遊於勉菴崔先生之門者也 自勉菴兵敗
後 欲雪會稽之恥 與高上舍光秀 方士徐士奎 李平海等 綢繆方略 募
得義士數百人 出入嶺湖 殺掠日人兵站者多 而數年間 其戰亡士卒
一一瘞埋 爲文祭之 使無暴骨於沙場 且軍威甚嚴 軍用錢財 非人樂
與之外 無所强取 故義聲大振 旣而見時勢不利 解兵潛踪 不幸被執
於韓巡查金大運 甲寅四月初四日 遇害於大邱 嶺儒金炯敦 義捐千金
返葬于長水故山 嘗戊申春 日將菊池 與錫庸書曰 余於南原沙村之戰
獲收國士書袋 閱讀寔感其志氣也 雖然大勢已定 時亦不利 國士之猶
執兵戈 徒亂民衆 韓國無寸功 而徒死而已 然則國士所恥也 速飜志
解兵 以惠韓民衆 我亦厚遇 蓋嘗論之 爲韓氏族 而詆毁錫庸爲暴徒
其如菊池之言 奈何

　甲寅正月十二日 全州公判記有曰 暴徒巨魁李錫庸 自稱義兵大將
鳩集多數部卒 橫行全北慶南 惹起風雲 客年十月 逮捕於任實 警察
署移于當支廳檢事局 以殺人放火强盜犯就理也 時年三十七 長髻平
服 痘痕疎鬚 外貌孱劣 不似聲聞 然及其就理 少無懼色 言笑自若矣
日鮮人傍聽者 環匝於庭之內外 磨肩接踵 地無立錐之餘 便作人山
一問曰 多讀書云 果然乎 答曰 四書三經外 諸般百家語 亦皆涉獵 二
問曰 財産有乎 答曰 寒士豈有財産之理乎 三問曰 以何目的 敢行暴

徒之事乎 答曰 欲排汝等日人 四問曰 統率部下 爲三百人云 果然 答曰 然 五問曰 朝鮮自倂合於日本以來 帝恩罔極 一般臣民 悉歸歡喜 爾亦欲爲忠實臣民乎 大笑答曰 寧爲大韓之鷄犬 不願汝國之臣民 六問曰 以義兵稱名 而殺害人命 放火村閭 强奪公金 是何不法乎 答曰 背韓附日者 不得不殺之火之 至於公金 本是大韓國稅也 君而見失 臣取之 父而見失 子取之 理勢固然 有何不法乎 七問曰 然則解兵 潛蹤何耶 答曰 時勢不利 知其不成 故暫此息兵 以待後日之機會然也 八問曰 自謂忠臣義士 而旣知其不成 則有死而已 何必區區生行 而至此見辱乎 答曰 汝輩安知余不死乎 昔諸葛孔明之六出祁山 姜維之九伐中原 皆知其不成 而待者也 雖知其不成 鞠躬盡悴 死而後已 余亦以堂堂國士 不思後日之圖復 而安有自死 九問曰 倡義錄之張皇著述 有何所用 而然不忘錄 則有何意味而然 答曰 倡義錄則忠憤所激 不得不爾而欲致日本政府也 不忘錄則起事五六年 多受友人之補助 故後日欲報然也 十問曰 事實審問終了矣 爾亦有自己利益之言 則無諱盡言 答曰 今爲被俘 只希速殺而已 有何區區 利己之言也 雖然但所恨者 博文死於重根之手 余則繼欲殺寺內正毅 及韓之五逆七賊 而不能也 又欲放火於東京大坂 而不能也 裁判長出席 請錫庸之起立 錫庸曰 起立是敬意也 安有敬意於仇讐之理乎 是以不行於前日矣 又何多煩乎 彼使看守輩 扶腋强起 錫庸大叱曰 汝以强制起余 然心則不起何 判事朗讀死刑宣告退席 錫庸泰然有言曰 欲託家事 請吾子面會 彼引子拜前 只囑孝友數語 眼光閃閃 異彩發外

17

전수용 全垂鏞

·『송사선생문집습유』권3, 「호남의사열전」

전수용[151]은 호가 해산(海山)
이다. 김태원의 진중에 있으면서 기이한 꾀를 많이 내었다.[152] '동
쪽으로 가면 이기고, 서쪽으로 가면 패한다'고 말하면 반드시 적중
하니 의병들이 모두 심복하였다. 태원이 죽자 의병들 또한 흩어졌
다. 해산이 의병을 일으킨다는 소식을 듣고 차츰차츰 와서 모이니
의병의 기세가 크게 떨쳤다. 선봉의 이름을 그대로 이어
받들게 하니 간 곳마다 반드시 명성이 있었다. 일찍이 해
산이 한 통의 편지를 보냈는데 글과 글씨가 역시 매우 아
름다워서, 김영엽(金永曄)이 한 번 보고 마음으로 허락하
여 해산과 함께 합진(合陣)하였다.

광주 대치(大峙)[153]에서 적을 만났는데, 그 전날에 의
병이 창평 대방리(大舫里)[154]에 이르러 날이 어두워지
자 행군을 하면서 해산이 말하기를 "밤이 밝기 전에 반
드시 일이 있을 터이니 각기 의기를 가다듬으라. 마땅히
크게 소득이 있을 터이니 두려워하지 말라."하였다. 대
치(大峙)는 내(기우만-편역자)가 사는 데서 10리 남짓 떨
어진 곳이다. 날이 밝기 전에 총소리가 하늘을 진동하여
한나절 만에 그쳤다. 적은 많이 죽었으나 우리 의병은 손

|151| 전수용(1879-1910) : 전북 임
실 출신, 흔히 전해산으로 불림. 1907
년 후반 이석용 의진에서 활동, 전남에
내려와 독자적인 의진을 형성하여 나
주 영광을 비롯한 전남 서부지역에서
주로 활동. 1909년 12월에 체포되어
이듬해 8월 순국. 『진중일기』와 『해산
창의록』이 전하며, 대통령장 추서.

전수용 의병장

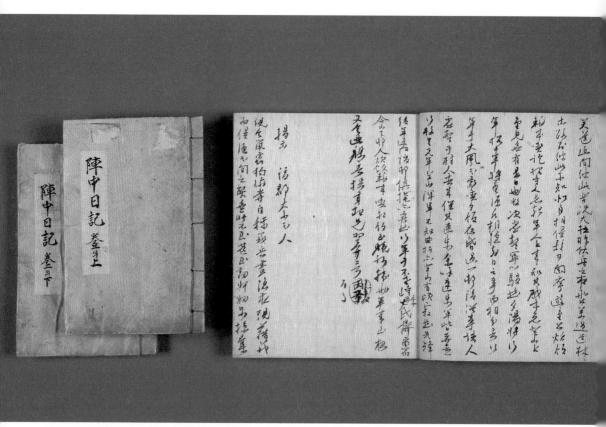

『진중일기』, 1908~1909, 필사본, 순천대학교 박물관

실이 없었다. 의병을 돌려 대치를 넘어 장성을 치러 간다고 선언하고는 길을 바꿔 자은동(自隱洞)에 이르렀다. 적이 그 뒤를 밟았다. 대치(大峙)에서 패한 것을 분히 여겨 여러 병참(兵站)을 불러 모아 사방에서 포위해 들어왔다. 격렬한 전투가 한나절동안 계속되어 적을 죽인 것이 가장 많았으나 우리 의병활동은 상함이 없었다. 의병을 정돈하고 퇴각하였다. 적은 더욱 분하여 그 마을에 불을 질러 백여 호가 소실되었음에도 주민들은 왜적을 원망하였지 해산을 원망하지 않으니 의기에 감동됨이 이와 같았다.

　한 해가 저물 무렵 장차 의병을 쉬게 할 참이었다. 막하(幕下)에 참위(參尉) 정원집(鄭元執)[155]은 포(砲)를 잘 쏘아 적을 많이 죽인 자로 적이 고막원(古幕院)에 있다는 말을 듣고 장차 추격하려 하였다. 해산이 그를 말리며 "처음에 비록 뜻을 얻었더라도 뒤에는 반드시 재앙이 있으리라."하였다. 정원집이 분진(分陣)하여 가서 고막원에 이르러 의병과 약속하기를 "나 혼자 들어가서 일이 여의하면 나올 것이고, 여의치 못하면 총을 쏠 것이니 총소리를 듣거든 일제히 쏴라."하고, 밤이 깊어 칼을 들고 홀로 들어가 고막원의 적을 거의 다 죽였다. 총을 쏠 일이 없었는데 총이 돌에 부딪쳐 저절로 발사되자 의병들이 연달아 쏘았고, 정원집이 잘못 쏜 총탄에 맞아 죽었다. 해산이 듣고 매우 애통해하기를 "진작에 이와 비슷한 일이 있을 것이라 짐작했는데 그가 내 말을 듣지 않은 것은 운이다. 내가 믿던 사람을 잃었으니 큰일을 그르쳤구나."하였다.

　모든 의진(義陣)이 다 흩어져 거의 없어지고 전해산과 신창학(申昌學)의 의병만이 온전했다. 힘을 다해도 할 수 없음을 알아 의병을 해산하고 산으로 들어가 죽을 때를 기다리기로 하였다. 전일에 막하에 있던 한 사람이 적에게 붙어살면서 해산을 잡겠다고 나섰다. 해산이 하루는 방을 깨끗이 쓸고는 홀로 앉아 사람을 물리치면서 "오늘 오는 사람이 있을 것이다." 하였다. 그 사람이 과연 이르자 안색이 태연하고 평상시와 같이 반가이 맞이하며 말하기를 "오는데 왜 이리 늦었는가. 함께 온 순포(巡捕)는 저 뒤에 둘 것 없네. 오늘 잡혀 갈 줄 이미 알고 있었네."하였다. 순포가 이르자 조용히 붙잡혀 광

|152| 전수용이 이석용 의진을 떠나 전남으로 내려왔을 때는 이미 김태원 의병장이 전사한 이후였다. 그는 김태원 의진의 조경환 오성술 등과 협력하여 전남에서의 의병활동을 시작하였다 (오동수, 「행장」, 『해산창의록』, 17-18쪽).

|153| 전남 담양군 대전면 대치리이다.

|154| 전남 담양군 수북면 대방리이다.

|155| 정원집(1876?-1909) : 서울 출신의 해산군인, 군대해산에 반대하여 정철화 의진에 참여하여 10년 유배형. 유배지인 지도(智島)를 탈출하여 전해산 의진의 선봉장으로 활약. 1909년 초 나주 고막원 전투에서 순국, 독립장 추서.

대한매일신보, 1910. 1. 12

|156| 원전에 '신장(訊場)'이라 되어
있으나, 재판정을 말한다.

주로 압송되었다.

뭇 왜놈이 그 생김새를 기이하게 여기고 그 의기를 높게 여겨 차마 형벌을 가하지 못하였다. 갇혀 있던 수개월 동안 글을 읽거나 남에게 시(詩)를 써 주기도 하며 평시와 같이 편안하고 한가로웠다. 왜적이 조용히 묻기를 "당신이 손바닥 보듯 앞일을 안다는데 어찌하여 우리에게 붙잡혔는가."하였다. 해산이 웃으며 "너희들에게 사로잡힐 것도 역시 미리 안 일이다. 액운(厄運)을 면할 수 있느냐." 하였다. 왜적이 말하기를 "내가 당신을 위해 죽지 않을 수 있는 한 가지 계책을 가르쳐줄테니 따르겠는가?"하였다. 해산이 답하기를 "내가 죽을 것은 내가 이미 알고 있으니 너희 계책이란 것은 헛것이다." 하였다. 뒤에 대구로 이송되어 재판정|156|에 들어가자 해산이 크게 꾸짖기를 "오늘이 나의 죽는 날이다. 내가 죽은 뒤에 나의 눈을 빼어 동해 바다 위에 걸어 두라. 너희 나라가 반드시 망하는 것을 내 눈으로 보리라."하고 말을 마치자 처형을 당하였다.

· 의사 김준·전수용 합전(義士金準全垂鏞合傳) | 『후석유고』권24

전수용은 천안인(天安人)으로 스스로 해산(海山)이라 호(號)를 지었다. 어려서부터 공부하기를 좋아하여 경사(經史)를 두루 섭렵하고 글을 잘 지었으며, 항상 강개(慷慨)하고 불평한 뜻이 있었다. 국가가 위급한 것을 보고 걱정스럽고 분한 마음이 속에 가득하여 장차 사방으로 두루 다니면서 명산승지를 구경하여 답답한 기운을 풀고자 하였다.

을사(1905)년에 강제로 조약이 체결되자 나라가 이미 망하여 뜻 있는 선비들이 통분하여 죽으려하지 않는 이가 없었다. 수용은 이석용(李錫庸)과 함께 진안(鎭安)의 산중에서 의병을 일으켰다. 이보다 먼저 면암(勉庵) 최익현 선생이 처음으로 의병을 일으켰는데 중도에 패하여 대마도에서 순국하였다. 성재 기삼연과 녹천 고광순이 죽기를 작정하고 잇달아 일어났으며, 참봉 김준(金準)이 여러 번 적장을 베어 의병의 기세가 크게 떨쳤다. 마침내 이석용 의병장에게 이르기를 "들으니 나주에 김참봉이 지략(智略)이 있어 여러 번 싸워서 이겼다 하니 나는 가서 방략(方略)을 의논하고, 또 기삼연 공의 남은 의병을 수습하여 동서(東西)에서 서로 응하면 완전한 방책이 될 것입니다." 하였다. 출발하여 장성에 이르러 김 참봉의 의병이 패하여 순절한 것을 듣고 통탄해 마지아니하며, 광주와 나주 사이에 방황하다가 의병장 오성술(吳成述)[157]과 서로 힘을 합하여 드디어 나주 도림(道林)에 와서 머물렀다. 김참봉의 흩어졌던 의병들이 그것을 듣고 차츰차츰 와서 모여 함께 추대하여 대장(大將)을 삼으니 수용이 군이 사양하기를 "내가 일개 서생(書生)으로 어찌 큰 책임을 감당하리오. 또 김준 의병장의 선봉장 조경환(曺京煥)[158]이 있으니 장수가 될 만합니다." 하였으나 여러 사람이 듣지 않았다.

6월에 광주 양암정(羊岩亭)[159]에서 의병을 모으는데 포군(砲軍)이 문득 한 사람을 데려왔다. 그 사람은 신장이 7척이고, 기상이 늠름하니 곧 지도(智島)에 귀양살던 정원집(鄭元集)이었다. 이 사람은 을사늑약 때 의병을 일으켜 적을 토벌하려다가 도리어 적의 무리에게 모함을 당하여 바다 섬에 귀양살이 와 있었다가, 본도에 의병의 기세가 매우 떨치는 것을 듣고 탈출하여 달려 온 것이었다. 모두 인재를 얻은 것을 기뻐하였다.

7월 29일에 서로 수용을 추대하여 대장으로 삼고자 하니 드디어 허락하고, 정원집을 선봉장, 김원범(金元範)[160]을 중군장, 윤동수(尹東秀)[161]를 후군장, 박영근(朴永根)[162]을 호군장(護軍將), 이범진(李凡辰)[163]을 도포장(都砲將)으로 삼고, 군령을 엄히 하고 부대를 정비하였다.

격문을 지어 원근(遠近)으로 돌리고 군중에게 명령하기를 "옛적에 군사를 잘 쓰는 이는 비록 적의 경계에 들어가서도 추호(秋毫)도 약탈하지 아니하거든, 하물며 우리 사람으로서 우리 지경에 다니면서 평민에게 잔학하게 대하고 불의한 짓을 함부로 행한다면 어찌

|157| 원전에는 '오성술(吳聖述)'이라 되어 있다. 오성술(1884-1910)의 자는 인수(仁洙)이고 호는 죽파(竹坡). 김태원 의진에 참여했다가 의병장 사후 독립하여 나주 광주 함평 등지에서 활동, 독립장 추서.

|158| 원전에 '조경환(曺敬煥)'이라 되어 있다.

|159| 광주광역시 광산구 선동의 황룡 강변에 있었던 정자.

|160| 원전에는 '김원범(金元凡)'이라 되어 있다. 김원범(1886-1909) : 광주광역시 출신, 호남창의회맹소의 김태원 의진에서 활동, 의병장 순국후 전해산 의진의 중군장으로 활동. 조경환 의진에서 형인 김원국 선봉장과 함께 도포장으로 활약. 1909년 초 어등산에서 전사, 독립장 추서.

|161| 윤동수 : 인적사항은 알 수 없으며, 현재 미서훈자.

|162| 박영근(1885-1910) : 전남 함평 출신. 조경환 의진 및 전해산 의진에서 활동하다 체포되어 1910년에 순국, 애국장 추서.

|163| 이범진(1879?-1910) : 전남 영광 출신. 조경환 의진 및 전해산 의진에서 활동하다 체포되어 1910년 순국, 애국장 추서.

전수용 의병장

적을 토벌할 수 있겠느냐."하였다. 행군하여 영광 불갑산(佛甲山)에 이르자 적이 갑자기 나타나 포위하였다. 선봉장이 용감히 앞장서서 천보총(千步銃)을 연달아 쏘아 두어 놈을 죽이고, 또 밀재[蟬峙]에서 구멍을 파고 매복시키고 적을 유인하니 적의 기병이 뒤따라 왔다. 매복시켰던 의병들이 일제히 일어나서 연달아 기병을 죽이고 무기를 빼앗았다.

10월에 석문산(石門山)으로 가서 지형을 보고는 "여기에서 한번 싸울 만하다."하였다. 마침 치재(痴齋) 김영엽(金永曄)이 학문하는 선비로서 의병을 일으킨 지 이미 오래였는데, 수용의 이름을 듣고 중도에 와서 만나니 서로 대하고 심히 기뻐하였다. 적이 이것을 탐지하고 광주부(光州府)로부터 각처의 헌병(憲兵)과 보조병(補助兵) 수백 명을 거느리고 와서 사면으로 에워싸며 공격하니 총소리가 천지에 진동하였다. 선봉장 정원집이 소리를 지르기를 "왜놈들은 우리의 원수이니 이제 장차 무찔러서 종자를 남김이 없애리라."하고 연달아 총을 쏘니 적이 멀리 도망하였다. 이때 조경환 의병장은 같이 호응하니 적들이 넋을 잃었다. 얼마 안 되어 대명동(大明洞) 영사재(永思齋)|164|에 의병들이 머물러 있었는데 장성에 주둔하고 있던 부대 병사들이 포위하여 공격하였다. 수용이 드디어 군인을 시켜 담벽에 기대어 총을 쏘아 대장(隊長) 한 놈을 죽였으나 중과부적으로 선봉장을 시켜 뒤를 끊게 하고 의병을 온전히 하여 돌아왔다.

이때에 의병이라고 가칭(假稱)하고 촌락에 폭행 약탈하는 자가 있어 평민이 편안히 살 수 없었다. 수용이 그 중 매우 심한 자인 김기순(金基順)|165| 무리 몇 사람을 잡아서 죽이니 민심이 기뻐하며 입이 마르도록 칭송하였다.

의병을 이끌고 순창·담양 등지로 가다가 광주 대치(大峙)에 머물렀는데, 적병이 사방에서 모여 들었다. 수용이 모든 의병들에게 명

|164| 광주광역시 광산구 명도동 명곡 마을에 있다.

|165| 김기순 : 인적사항은 알 수 없으며, 미서훈자.

湖山倡義錄卷之一

李聖化 不明

湖南同義團

大東義兵大將　全基泓　上見

第一陣義兵將　沈南一　被擄刎節于大卯

第二陣義兵將　朴道京　後擄刎節于大卯

第三陣義兵將　金永燁　柴止泰掠爲卻下柳京波所害

第四陣義兵將　曹大川　戰歿

第五陣義兵將　愼峯山　戰歿

第六陣義兵將　李厚植　隱跡于大卯

第七陣義兵將　李起巽　刎節于大卯

第八陣義兵將　吳聖述　刎節于大卯

第九陣義兵將　權澤　刎節于大卯

第十陣義兵將　安德峰　刎節于大卯

同盟誓辭

一義也者義而各處跅跑飭狗偷托義而侵漁民間其至料生視義如雖日至呼新其所寬狀何忍見之耶吾等不聞視若不見是何謂義自今以後先除暴掠而討賊呼寃而惟我各陣所管地方考其將令有無及其真假義而私討者斷當殺無赦矣若義而無將令私討者結嚴處以簡軍律同盟而若不庸命者是万人民之盜非一

『해산창의록-호남동의단』

령하여 "일제히 매복하여 장령(將令)을 기다려 총을 쏘라."하였다. 적이 용맹만 믿고 충돌하려고 하나 의병은 고요히 움직이지 않으니 적이 방심하고 들어왔다. 우리 의병이 일제히 총을 쏘아 적을 죽인 것이 헤아릴 수 없고 그 총과 탄환, 군복을 빼앗았다.

　행군하여 주흥동(朱興洞, 광주)을 지나다가 송사(松沙) 기우만 공을 뵈니, 기 공이 크게 칭찬하고 충의로써 격려하였다. 곧 순창 내동(內洞)으로 가서 적과 대치하다가 적이 사방으로 불을 지르니 부득이 나가서 피하였다. 곧 함평(咸平) 유덕산(有德山)으로 가서 참봉 김돈(金燉)을 만났다. 돈은 일찍이 김준과 함께 의병을 일으켜서 전후의 계책이 그의 지휘에서 많이 나왔었다. 서로 만나 매우 기뻐 여러 날을 머물면서 함께 전략을 의논하고, 장차 고막(古幕)의 병참(兵站)을 초멸(剿滅)하고자 하였다. 늦은 밤에 의병을 거느리고 고막을 포위하여 적 두어 놈을 죽이고, 선봉장 정원집이 곧장 병참으로 들어가 남은 적을 수색하여 잡다가 어두운 밤에 불이 없어 총탄에 맞아 부상당하였다. 민가로 가서 10여 일 동안 치료하였지만 일어나지를 못하였다. 수용은 팔 하나를 잃은 것 같이 매우 슬퍼하였고, 의병들은 기운을 잃었다.

기유년(1909) 정월 영광으로부터 부안(扶安)의 여러 곳으로 가서 군대를 주둔시킬 곳을 살펴보았다. 영광 오동치(梧桐峙)[166]에 이르러 갑자기 적을 만나 사상자가 매우 많이 발생하여 빠져나올 계책이 없었다. 홀연히 큰 안개가 산을 덮어서 지척을 분별할 수 없으므로 드디어 포위망을 뚫고 탈출하니 곧 음력 3월 27일이었다. 나주 등지로 돌아와서 모든 장령(將領)과 군인을 모아 놓고 말하기를 "더운 여름철이 앞에 닥쳤으니 싸우기가 어렵다. 잠시 의병을 휴식시켰다가 다시 거사함과 같지 못하다. 나는 마땅히 근친(覲親)[167]하고 돌아오리라. 부디 가벼이 움직이지 말고 내가 돌아오기를 기다려라." 하고 드디어 장수(長水)[168] 본가로 갔다. 적이 수용이 간 곳을 알지 못해 백방으로 수색하고 현상금(懸賞金)을 걸기까지 하였다. 이때에 무뢰배(無賴輩)들이 영산포 헌병대 통역(通譯) 김현규(金顯圭)를 사주하여 영산포의 헌병을 데리고 곧 장수로 갔다. 수용이 집에 있다가 결국 사로잡혔다. 수용은 안색이 변하지 않으며 "나의 죽음은 이미 의병을 일으키던 날에 결정한 것이다."하고 부모 앞에 절하고 영결하기를 "이와 같은 자식을 두신 것은 없는 것보다 못합니다. 원컨대 깊이 상심하지 마옵소서."하고, 그의 아내를 돌아보며 말하기를 "나의 이 걸음에 살아 돌아올 리는 만무하니 나의 늙은 부모를 잘 봉양하겠는가." 하니 보는 이 중 눈물을 흘리지 않는 이가 없었다. 압송되어 영산포로 가는데 길에서 보는 이가 모두 슬퍼하고 탄식하되 "해산(海山)이 잡혔으니 우리들은 어찌하랴."하였다.

영산포에 이르자 대장(隊長)이 상좌(上坐)로 맞이하여 앉히고 감언(甘言)으로 꼬이기를 "그대가 가진 재주로 지금 만약 귀화하면 내가 마땅히 천황(天皇)께 아뢰어 높은 관직을 내릴 것을 보증하겠소."하였다. 수용이 정색하며 말하길 "내가 본시 의병을 일으킨 것은 왜놈의 두목을 무찔러서 국가의 치욕를 씻으려 한 것인데, 도리어 너에게 포로가 되었으니 다시 무슨 말이 있으랴. 오직 한번 죽어 나라에 보답함이 있을 뿐이다." 하니 대장도 의롭게 여겼다.

광주의 감옥으로 압송되자 광주부의 판사(判事) 검사(檢事)란 자

|166| 현재 위치를 알 수 없다.

|167| 근친(覲親) : 부모를 찾아가서 뵘을 뜻한다.

|168| 원전에 '진안(鎭安)'으로 되어 있으나, '장수(長水)'의 오기이다.

들이 매우 공경히 대우하여 독방에 있게 하고, 식사를 제공하면서 온갖 방법으로 회유였다. 수용은 뿌리치며 더욱 늠름한 기운으로 소리를 높여 "나는 네놈들을 만 갈래로 찢지 못한 것이 한스러울 뿐이다. 왜 나를 속히 죽이지 않는가."하였더니 적이 감히 해치지 못하였다. 광주감옥에서 여섯 달 동안 갇혀있으면서 슬피 읊은 긴 노래가 많이 있었다 한다.

경술년(1910) 음력 5월 의병장 박영근(朴永根) 심남일(沈南一)[169] 오성술(吳成述) 강무경(姜武景)[170]과 함께 대구로 압송되어, 7월 23일 마침내 처형당하였다.[171] 이날 흰 기운이 하늘에 걸쳐있다 한참 만에 없어지니 원근(遠近)의 사우(士友)들이 마치 친척이 죽은 것처럼 슬퍼하였다. 9월에 박영근의 형 영유(永裕)와 수용의 종형 덕필(德弼)이 고향으로 반장(返葬)하였다. 이보다 먼저 수용의 부모가 아들 생각에 근심하고 슬퍼하다 결국 세상을 떠났다. 두 번째 부인[繼室]인 김씨는 나이 겨우 21세인데 수용이 잡혀 간 뒤로 시부모 앞에서 슬픈 얼굴을 보이지 않고, 시부모가 세상을 떠나자 상중에 예법대로 다하더니 남편의 관이 돌아오자 관 앞에 가서 한 번 통곡하고는 마침내 목숨을 끊어 하종(下從)[172]하였다.

외사씨(外史氏)가 이르기를

"삼가 상고하건대, 춘추(春秋)의 의리에 임금 시해한 역적은 사람마다 토벌할 수 있다. 하물며 저 추한 왜놈들이 감언으로 채독(菫毒)[173] 5백 년 종사(宗社)를 빼앗았으니 한 나라의 신민(臣民)된 자는 만세토록 이 적을 잊지 못할 것이다. 이때 면암 최익현 상서(尙書)와 성재 기삼연과 녹천 고광순이 먼저 의병을 일으켜 임금의 원수 갚기로 맹서하더니, 하늘이 돕지 아니하여 연달아 몸을 바쳐 순국하였다. 아! 김준이 성재의 선봉장이 되어 충의를 떨치며 적의 시퍼런 칼날을 무릅쓰고 여러 번 싸워 모두 이겨서 그 대장(大將)을 죽이니, 의로운 기세가 더욱 떨쳐서 추한 왜놈들이 간담이 서늘해져 거의 회복할 희망이 있었다. 그러나 상산(常山)[174]이 붙잡혔던 것을 면하지 못하고 김준 김율 형제가 살

[169] 심남일(1871-1910) : 전남 함평 출신, 이름은 수택(守澤), 자는 덕홍(德弘). 호남창의회맹소의 김율 의진에서 활동. 의병장의 순국후 나주 영암 등 전남 중남부지방에서 활동하다 체포되어 순국, 독립장 추서.

[170] 강무경(1878-1910) : 전북 무주 출신, 흔히 강현수로 불림. 1908년 이후 심남일 의진의 부대장으로 활동, 1909년 10월에 체포되어 이듬해 순국, 독립장 추서.

[171] 전해산은 1910년 양력 8월 23일 교수형으로 순국하였다(『조선총독부관보』 제4호(1910.9.1)

[172] 하종(下從) : 남편이 죽으면 자신도 죽어서 지하(地下)로 따라간다는 뜻.

[173] 채독(菫毒) : 남을 해치려고 하는 악독한 계책을 비유하여 이르는 말.

[174] 상산(常山) : 당나라 사람인 안고경(顏杲卿)을 가리킨다. 안녹산(安祿山)의 반란 때 상산 태수(常山太守)로서 의병을 일으켜 안녹산의 군사에 대항하여 싸우다가 사사명(史思明)에게 참패하여 사로잡혀 사지가 찢기면서도 혀가 끊어질 때까지 준열하게 안녹산을 꾸짖었다 한다.《新唐書 卷192 忠義列傳 顏杲卿》

신성인하였으니 슬프고 슬프다.

　전수용은 항상 기삼연 및 고광순 두 분의 일을 사모하였고, 김
준의 의병이 승리를 얻을 날이 멀지 않다는 것을 듣고 칼을 차
고 달려간즉 준이 이미 죽임을 당하였다. 분개함을 이기지 못하
고 드디어 그 흩어진 의병을 수합하여 온갖 풍상을 겪으며 적의
세력을 꺾어 2년 동안 부지런히 힘써 기세가 매우 장하더니 끝내
토왜(土倭)[175]의 모략에 빠져 도리어 왜놈의 포로가 되어 그 호
군장(護軍將) 박영근과 한 날에 순절하였다.[176]

　아! 우리나라의 문치(文治) 5백 년에 비록 말을 배우는 아이라
도 춘추(春秋)의 대의(大義) 익히 아는데, 마침 국가가 위기에 처
한 시기에 이르러 오직 두 세 사람의 명공(名公)만이 춘추대의를
품고 의를 위하여 죽을 뿐이요, 저 교목세신(喬木世臣)[177]들은
임금을 위협하여 국가를 왜적에게 주었으니, 하늘에 닿을 만큼
매우 큰 죄를 어찌 차마 말할 수 있겠는가.

　그러나 당일 제공(諸公)의 의(義)가 해와 별처럼 밝아서 천하
사람들로 하여금 동방에 의병이 있는 줄 알게 되었으니, 어찌 장
하지 아니한가, 어찌 장하지 아니한가. 동시에 이석용(李錫庸) 김
영엽(金永曄) 심남일(沈南一) 등 10여 인이 있어 또한 아울러 충
의(忠義)가 있었으니 모두 빠뜨릴 수가 없다. 뒷날에 충성을 사
모하고 의(義)를 좋아하는 군자가 있거든 표창하여 드러내어 줌
이 있을지어다. 수용의 아내 김씨는 반장(返葬)[178]하는 날에 땅
밑으로 따라 갔으니, 아! 열녀로다.

· 전기홍(全基泓)【임실(任實)[179]】 | 『염재야록』건, 권3

　　　전기홍의 자는 수용(垂鏞)이
며 천안(天安)인이다. 공은 기특한 재주가 있어 천문(天文)·지리
(地理)·병학(兵學) 등의 서적을 섭렵하지 않는 것이 없었고, 또 산
수를 좋아하여 자호를 해산광수(海山狂叟)라고 하였다. 나라의 변
(變)이 끝이 없음을 보고 개연(慨然)히 분기하여 말하기를 "대장부

(좌측 주석)

[175] 토왜(土倭) : 왜놈의 앞잡이를
이른다.
[176] 박영근은 1910년 8월 17일 교
수형으로 순국하였다(『구한국관보』
제4768호(1910.8.29.)).

[177] 교목세신(喬木世臣) : 여러 대
(代)를 중요한 지위(地位)에 있어서
나라와 운명을 같이 하는 신하(臣下)
를 가리킨다.《孟子 梁惠王下》

[178] 반장(返葬) : 외지(外地)에서
죽은 사람을 고향에 데려와 장사 지내
는 것을 의미.

[179] 원전의 남원(南原)은 임실의
오기이다. 전수용은 전북 임실에서 태
어났으나 장수에서 주로 살았다.

가 포부를 가지고 공연히 죽을 뿐이겠는가.”라고 하고, 조경환(曺京煥) 등과 의사(義士) 약간을 모집하여 이석용의 막하로 갔다.[180] 그러나 그곳에서 종사한 지 수개월 만에 후회하며 말하기를 “무략(武略)은 서생(書生)과 상의하기 어렵다.”하고 의병을 나누어 김태원의 막하[181]로 가서 많은 기공(奇功)을 세웠는데, 의병이 패함에 따라 그도 체포되어 김태원의 아우[182]와 함께 대구에서 처형되었다. 그의 아내 김씨가 변을 듣고 친히 대구로 가서 시신을 거두어 선산(先山)의 언덕 아래 매장하고, 자기 남편의 무덤 옆 소나무에 목을 매어 자결하였으니 그 남편에 그 아내라고 할 만하다.

|180| 조경환과 만난 것은 1908년 5월 이후의 일이다.

|181| 김태원 의진에 참여하려고 전북에서 전남으로 내려왔으나 이미 김태원 의병장이 전사한 이후였으므로 그 막하의 오성술 조경환 의병장과 협력하여 의병활동을 전개했다.
|182| 김태원 의병장의 아우 김율을 말한다.

전수용 全垂鏞

· 『松沙先生文集拾遺』卷三,「湖南義士列傳」

　　　　　　　　　　全垂鏞 號海山 在泰元陣 多出
奇謀 東勝西敗 言必有中 士卒皆心服 泰元旣殉 軍亦散亡 聞海山起
兵 稍稍來集 軍聲大振 仍襲先鋒之名 所向必有聲 嘗一致書 文筆亦
佳甚 金永曄一見心許 與之合陣 遇賊于光州之大峙 前一日軍至昌平
之大舫里 近曛行軍曰 夜未明 當有事 各厲氣義 當大有得 無恐也 大
峙於 鄙居十里强 未明 砲聲震天 半日而止 賊多斃 而軍無所傷損 還
軍踰大岾 宣言屠長城 而改路至自隱洞 賊躡其後 恣大峙之敗 招集
諸站 四圍而至 酣戰半日 殺賊最多 而軍亦無傷 整軍而退 賊愈益忿
之火其里 里見燒百餘戶 居民怨倭 而不怨海山 氣義之感有如此者

　歲暮 將休兵 幕下有鄭僉尉元執者 善砲多殺賊聞賊在古幕院 將追
之 海山止之曰 初雖得意 後必有災 鄭分陣而去 至院 與士卒約曰 吾
獨入 事該則出 不該 當發砲 聞砲聲齊發 夜深杖劒獨行 殺院賊殆盡
無事乎 發砲而砲觸石自發 士卒連砲 鄭誤中丸而殞 聞之痛甚曰 早
料有似 而其不聽吾言 天也 失吾所恃 大事去矣 諸陣皆散亡殆盡 而
全海山申昌學軍獨完 知無可爲力 散軍入山 爲自靖待時計 前日幕下
一人 附賊爲生 自請得海山 海山一日淨掃堂室 獨坐屛人曰 今日有
人至 其人果至 顏色自如 歡迎若平常曰 來何晩也 偕來巡捕不必留
後 今日見捕 已知之 巡捕至 從容押至光州 群倭奇其狀貌 高其義節

不忍加刑 滯囚至數月 或讀書贈臨紙揮灑 安閑如平時 倭從容謂曰
公知前事如指掌 何以爲吾擒 笑曰 爲爾擒 亦前知事 運厄可免乎 倭
曰 我爲公 畫不死一策 可從乎 答曰 吾死吾已知之 爾策徒爲失已 後
移大邱 入訊場 大罵曰 今日吾死日 吾死後 抉吾眼 掛東海上 見汝國
之必亡 言訖而就死

· 義士金準全垂鏞合傳 - 全垂鏞傳 |『後石遺稿』卷24

全垂鏞者 天安人 自號海山 少
好學 博涉經史 善屬文 常有慷慨不平之志 見國家危亡 憂憤彌中 將
欲周流四海 歷覽形勝 以洩壹鬱矣 及乙巳勒約 國已亡矣 有志之
士 無不憤惋欲死 垂鏞與李錫庸 俱倡義旅於鎭安山中 先是 勉菴崔
先生 首倡義擧 中途摧敗 殉義於馬島 奇省齋高鹿川繼起喪元 金參
奉準 屢斬賊將 義聲大振 遂謂李將曰 聞羅州金參奉有智略 屢戰得
捷 吾欲往議方略 且收奇公餘兵 與之東西相應 可以萬全矣 行至長
城 聞金參奉軍敗殉節 歎傷不已 彷徨光羅之境 義將吳成述 相與合
力 遂來留于羅州道林 金參奉散軍聞之 次第來集 共推爲大將 垂鏞
固辭曰 吾以一介書生 何敢當大任乎 且金義將先鋒曹京煥在 可以爲
帥 衆皆不聽 六月 聚軍于光州羊嚴亭 砲軍忽得一人而至 其人身長
七尺 氣岸凌凌 乃智島讁客鄭元執也 此人於乙巳勒約時 欲奮義討賊
而反爲賊徒構陷 被讁海島 聞本道義聲甚張 脫身來赴 衆喜得人 七
月二十九日 共推垂鏞爲大將 遂許之 乃以鄭元執爲先鋒 金元範爲中
軍 尹東秀爲後軍 朴永根爲護軍將 李凡辰爲都砲將 嚴約束 整部伍
傳檄遠近 令軍中曰 古之善用兵者 雖入賊境 秋毫不犯 況以我人行
我境 殘虐平民 恣行不義 則何以討賊乎 行軍至靈光佛甲山 伊賊猝
然圍住 先鋒賈勇先登 連發千步銃砲殺數賊 又於蟬峙 鑿穴隱伏 以
誘賊騎兵跟隨而來 伏兵齊發 連殺騎兵 奪其器械 十月因向石門山中
見地形曰 此可以一戰矣 適金癡齋永燁 以學問士 擧義者已久 聞垂
鏞之名 中途來會 相對甚喜 賊探知 自光州府 率勵各處憲兵補助兵
數百 四面圍攻 砲聲動天地 先鋒元執厲聲曰 倭奴於我仇讐 今將殫

殄滅之無遺 連聲放砲 賊遠遠避去 是時 義將曺京煥 亦自後聲勢相
應 賊徒喪魄 未幾 留陣于大明洞永思齋 長城留隊兵圍擊 垂鏞遂令
軍人 依山放砲 殺隊長一人 衆寡不敵 乃使先鋒斷後全軍而還 時有
假稱義兵 暴掠村落者 平民莫可奠居 垂鏞捕其尤甚者 金基順輩數三
人 而誅之 民情胥悅 稱頌不容口 引軍向淳潭等地 因留光州大峙 賊
兵四面蝟集 垂鏞命諸軍 一齊埋伏 待將令放砲 賊恃勇衝突 義兵寂
然不動 賊放心而入 我軍一齊放砲 殺賊無算 奪其砲丸服裝 行過朱
興洞 謁松沙奇公 奇公大加欽賞 勉以忠義 即向淳昌內洞 與賊相持
而賊四面衝火 不得已而出避 即向咸平有德山 見金㵩奉燉 燉曾與金
準 同謀擧義 前後規畫 多出其指揮 相見甚歡 留數日 共議機密 將欲
勦滅古幕之兵站 夜二更 率軍圍古幕 殺數賊 先鋒鄭元執 直入兵站
搜捕餘賊 昏夜無火 中丸而傷 興還民家 治療十餘日 因以不起 垂鏞
傷痛之如失一臂 軍中喪氣 己酉正月 自靈光轉向扶安諸處 歷觀屯兵
之所 因到靈光梧桐峙 猝遇賊 殺傷甚衆 無計得脫 忽然大霧漫山 不
分咫尺 遂脫圍而出 即三月二十七日也 回到羅州等處 會諸將領及軍
人曰 盛夏在前 難與交戰 不如暫息軍兵 以圖再擧 吾當覲親而回矣
愼勿輕動 以待吾還 遂向長水本家 賊不知垂鏞去處 百方搜問 至懸
購以捕 時無賴輩 嗾榮浦通譯金顯圭 同榮浦憲兵隊 即往長水地 垂
鏞方在家 遂見擒 垂鏞顔色不變曰 吾死已決於起義之日 遂就父母拜
訣曰 有子如此 不如無也 願勿永傷 顧謂其妻曰 吾之此行 萬無生還
之理 肯養吾老親乎 見者無不下淚 押至榮浦 道路觀者 皆齎咨歎惜
曰 海山就捕 吾輩奈何 旣至 隊長延之上坐 甘言誘之曰 以公之才 今
若歸化 則吾常奏聞天皇 保爲達官 垂鏞正色曰 吾本起義兵 剿滅倭
酋 刷雪國恥 而反爲汝所擒 復何言哉 只有一死報國耳 隊長義之 押
送光獄 光府判檢事者 極加敬待 別處一間 使之供饋 百方招誘 垂鏞
辭氣益厲曰 吾恨不斬汝萬段 何不速殺我 賊亦不敢害 滯留光獄六
朔 多有長歌哀詠云 庚戌五月 同義將朴永根 沈南一 吳成述 姜武景
移囚于大邱 七月二十三日 竟被害 是日 白氣經天 良久而滅 遠近士
友 如悲親戚 九月 朴永根之兄永裕 垂鏞之從兄德弼 返葬于故里 先
是 垂鏞之父母 思子憂傷 遂以歿世 繼室金氏 年纔二十一 自垂鏞被

138

逮 不以戚容見於舅姑 迨遭憂 居喪盡禮 夫柩之返 就柩前一慟 遂致
命下從

　外史氏曰 謹按春秋之義 弒君之賊 人人得而討之 況彼醜虜 甘言
蠱毒 攘奪五百年宗社 爲一國臣民者 萬世而不可忘此賊者也 時則有
勉菴崔尙書 奇省齋參衍 高鹿川光洵 首倡義旅 誓復君讎 而天不助
順 連以身殉 嗚呼 金準以省齋先鋒 奮忠義 冒白刃 屢戰皆捷 殺其大
將 義聲益振 醜虜破膽 庶幾有恢復之望 而不免常山之被執 兄弟成
仁 悲夫悲夫 全垂鏞常慕奇高二公之風 而聞金準之義旅乘勝有日 仗
劍赴之 則準已被殺 不勝憤慨 遂收其散衆 冒風霜摧賊鋒 二載勤勞
聲勢甚壯 竟爲土倭之所陷 反成倭奴之俘囚 與其護軍朴永根 同日殉
節 嗚呼 我國家文治五百年 雖學語童子 習知春秋大義 而及至板蕩
之時 獨使二三名公 抱春秋而殉義 彼喬木世臣 威脅君父 以社稷與
賊奴 通天之罪 尙忍言哉 雖然 當日諸公之義 炳如日星 使天下之人
知東國有義兵者 豈不盛哉 豈不盛哉 同時有李錫庸金永燁沈南一十
餘人 亦倂有忠義 皆不可遺也 後有慕忠好義之君子 尙有以襃闡之哉
至若垂鏞之妻金氏 及其夫返葬之日 穿穴下從 于嗟乎烈哉

· 全基泓【任實】｜『念齋野錄』 乾, 卷之三
　　　　　　　　　　全基弘 字□□ □□人也 有奇
才 天文地理兵學等書無不涉獵 又雅喜山水 自號曰海山狂叟 見國變
罔極 慨然奮起曰 大丈夫有所抱 而徒死而已哉 遂與曺京煥等 募義
士若干 往李錫庸 從事數月 自悔曰 武略難與書生議 乃分軍 往金泰
元 多立奇功 而及兵敗被執 與泰元弟聿 死於大邱 妻金氏聞變 躬往
收尸 歸瘞故山先壠下 仍自縊於塚傍松林間 是可曰有是夫有是妻矣

垂鞴羈海山在泰元陣多出奇謀東勝西敗言必有中士卒皆心服泰元乃殉軍亦散入聞海山起兵稍稍來集軍聲大振仍爲先鋒之名所向必有聲譽一致書文筆亦住甚金永曄一見心許與之合陣遇賊于光州之大峙前一日軍至昌平之大峙近壙行軍日夜未明當有事各鴈氣義當大而止賊多疑而軍無所傷損還軍踰大峙宣言震天半日賊踰其後忿大峙之敗招集諸屠長城而改路至自隱洞賊站四圍而至酣戰半日殺賊最多而軍亦無傷整軍而退賊愈急之火其里里見燒百餘户居民悉恐俟而不悉海意後必有災鄭公陣去至院與士卒約曰吾獨入事該者善砲多殺賊聞賊在古阜院將追之海山止之曰初雖得則出不該當發砲聞砲聲齊發夜伏杖劍獨行殺院賊殆盡無事字發砲勿勿礪石自發士卒連砲壹誤中丸而殞聞之痛甚日早料有似而其不聽吾言元也失吾所恃大事

去矣諸陣皆散入殆盡而全海山中昌學軍獨完知無可爲力散軍入山爲自靖待時計前日幕下一人附賊爲生自請得海山海山一日爭掃堂室獨坐羣八日今日有人至其人果至顔色自如歡迎若平常曰汝何晩也階來巡捕不必留後今日見捕己知之巡捕至從容押至光州群倭奇其狀貌高其義節不忍加刑幕四至數月或贈書贈紙揮灑安閒如平時倭從容謂曰公知前事如指掌何以爲吾擒笑曰爲爾擒亦前知事運厄可免子倭曰戎爲何畫不死一策可從字答曰吾死吾己知之兩策徒爲失己後移大邱入訊場大罵曰今日吾死日吾死後抉吾眼掛東海上見汝國之必入言訖而就死

『송사선생문집습유-전수용』

18

정상섭 丁相燮

· 정상섭(丁相燮)【영광(靈光)】|『염재야록』건, 권1

정상섭[183]의 자는 □□이며, 불우헌(不憂軒) 극인(克仁)의 후손이다. 병신년(1896)에 송사(松沙) 기우만(奇宇萬)의 장성의진을 위해 활동하다가 체포되어 적을 꾸짖고 사망하였다. 송사는 글을 지어 제(祭)를 지냈는데 그 제문[184]은 다음과 같다.

"사람이라면 누가 죽지 않으랴만 그 죽음이 국난이었다면, 이 것을 일컬어 의(義)를 취했다고 하고, 이것을 일컬어 인(仁)을 이루었다고 합니다. 그러나 공의 죽음은 죽지 않았더라도 용기를 상했다고 보기 어렵습니다. 사람들은 혹 말하기를 '저 사람은 살기를 원했다.'고 하였지만 나는 그렇지 않다고 생각하였습니다. 당시의 일을 차마 말할 수 있겠습니까. 적도는 임금을 협박하고 국모의 원수를 갚지 못하였으나 나라에는 사람다운 사람이 없었고, 백성들의 머리를 깎고 검은 옷을 입히는 등 온갖 사건이 발생하였습니다. 우리 소화(小華)[185]를 오랑캐로 만들고 백성을 금수로 만들었으며 살아서는 할 일이 없어 한번 죽는 것이 편하였습니다. 그러나 그냥 죽은 것보다 윤강(倫綱)을 부식(扶植)하는 것 같이 좋은 일이 없었습니다. 의병의 격문이 전해지자 그 호응은 구름처럼 일어났습니다. 나는 그들의 주장에 동조하여 의병을 소집하였습니다. 광산관(光山館)에서 말 한 필을

|183| 정상섭(미상-1896) : 전남 영광의 향리 출신. 1896년 나주의진에서 활동하다가 순국, 애국장 추서.

|184| 기우만, 『송사선생문집습유(松沙先生文集)』 권23, 「제정도사문(祭丁都事文)」.

|185| 소화(小華) : 조선시대에 중국을 중화(中華) 또는 대화(大華)라고 하고, 우리나라를 소화(小華)라고 하였다.

|186| 진회(秦檜) : 송(宋)나라 때의 간신으로 많은 현인(賢人)들을 죽인 진회(秦檜)를 가리킨다. 간신 진회는 금(金)나라와의 화의(和議)를 주장하여, 당시 척화(斥和)를 강력히 주장하던 악비(岳飛), 장준, 조정(趙鼎) 등을 모두 죽이거나 귀양 보냈다.

타고 가서 공을 위로하였을 때 공의 격론(激論)을 듣고 그 늠름한 기개를 빼앗을 수 없었습니다. 공의 창자는 돌과 같고 공의 간장은 철과 같아 많은 사람이 모두 공을 바라보며 전송하였습니다. 무령(武靈, 영광)에는 훌륭한 사람이 있었지만 진회(秦檜)|186|같은 우두머리가 국권을 장악하고 있으므로 뜻을 펼 수도 없고 충성을 하자니 죄가 되었습니다. 그들은 우리의 뒤를 따라다니며 체포하려고 하므로 처음에는 숨어 지내다가 나중에는 모습을 드러내었습니다. 우리는 지난 천고(千古)를 단축(短縮)하여 처음으로 거사(擧事)를 일으켰으니 감히 살아서 돌아오기를 바랐겠습니까? 죽음에 임하여 적을 꾸짖었으니 정의로운 담력이 크시었습니다. 한 번 죽는 것이 큰 힘이 되어 적신(賊臣)을 놀라게 하였습니다. 차라리 옥(玉)으로 부서질지언정 기와로 온전하기를 바랐겠습니까? 한쪽에 치우쳐 있는 우리나라 사람에게 두발(頭髮)과 기부(肌膚)를 온전하게 하여 주셨습니다. 천하에 말을 할 수 있게 되어 정의로운 소문을 밝게 천명하였습니다. 높은 산이 혹 꺾이더라도 꺾이지 않는 것은 공의 몸이며, 긴 강물이 혹 마르더라도 마르지 않는 것은, 공의 혼령이었습니다. 죽어도 죽지 않으셨으니 공 같은 분은 참으로 사람이라고 할 것입니다. 공은 전수(傳受)받은 것이 있었으니, 맛있는 우물의 수원(水源)같고 신령스런 풀의 뿌리와 같습니다. 공의 10대조는 임진왜란 땐 적을 토벌하였고, 공의 아버지는 병인년(1866)에 프랑스인을 배척하였습니다. 광무황제(光武皇帝)가 선위(禪位)할 때 열혈을 간직하시었으니 의기(義氣)가 서로 전수되었습니다. 공은 무슨 여한이 있겠습니까만 나는 원통하기만 합니다. 나는 한줄기 가는 목숨이 이어져 죄가 크다고 꾸지람을 받았습니다. 삼산(三山)에 숨어 살며 목석(木石)과 이웃이 되었습니다. 정으로 보면 상생(象生)의 자리에 나가 한번 통곡하고 싶지만, 물여우가 보면 모래를 날리어|187| 내가 가기에는 참으로 어렵습니다. 삼가 족숙(族叔)을 통하여 닭과 술과 제문을 가지고 나를 대신하여 고하도록 하는 것이 평소의 정은 아니지만 영령(英靈)이시여! 흠향하옵소서."라고 하였다.

|187| 물여우가……날리어 : 물여우는 원문의 역(蜮)으로 역사(蜮射) 혹은 사역(射蜮)이라고도 한다. 물속의 역(蜮)이라는 괴물이 사람의 그림자를 보고 모래를 입으로 뿜으면 그 사람이 병에 걸려 심하면 죽기까지 한다는 고대의 전설에서 유래한 것이다.《搜神記 卷12》

정상섭 丁相燮

· 丁相燮【靈光】| 『念齋野錄』乾, 卷之一

丁相燮 字
□□ □□人 不憂軒克仁後也 丙申爲奇松沙幕
佐 被執罵賊而死 松沙爲文祭之 其文曰人孰無
死 死死也難 是曰取義 是曰成仁 然公之死 蓋或
難看無死傷勇 人或有言 彼由貪生 余曰無然 時
事忍說 賊曹魯君 母儲莫雪 國無人焉 剃髮緇服
事變萬端 夷狄小華 禽獸生民 生無可爲 一死爲
安 與其徒死 莫或扶倫 義檄渙發 響起如雲 時余
同聲號召 光山匹馬來慰 得聞激論 凛乎莫奪 石
腸鐵肝 衆皆目送 武靈有 人胃檜執命 志事莫伸
效忠爲罪 訶捕斯跟 始匿終現 吾縮往千 始吾起
事 敢望生還 臨命罵舌 義膽輪困 一死爲力 以懼
賊臣 寧可玉碎 焉用瓦全 俾我福邦 髮膚以完 有
辭天下 宣昭義聞 高山或摧 不摧者身 長江或渴
不渴者魂 死而不死 如公則眞 公有所受 體源芝
根 先十世祖 討倭壬辰 繼有乃考 斥洋丙寅 光禪血胚 氣義相傳 公則
何憾 後死之寃 而我一縷 屋大受嗔 三山屏伏 木石爲隣 情宜一慟 象
生之筵 見影蜿沙 我行實艱 謹因族叔 鷄絮操文 情告非情 靈其歆旐

『염재야록-정상섭』

143

19

정시해 鄭時海

· 정시해(鄭時海) 【무장(茂長)】 | 『염재야록』건, 권3

|188| 정시해(1872-1906) : 전북 고창 출신, 호는 일광(一狂). 1906년 6월 최익현 임병찬 등이 주도한 태인의병에서 활동하다 순국, 애국장 추서.

|189| 기우만, 『송사선생문집』 권23, 「제정낙언문(祭鄭樂彦文)」.

정시해|188| 는 자가 낙언(樂彦)이고, 면암(勉菴) 최익현의 문인으로 의사(義士) 13명 중 한 사람이었다. 병오년(1906) 여름에 순창에서 전사하였는데 송사(松沙) 기우만이 제문|189| 을 지어 제사를 지냈다. 그 제문은 다음과 같다.

"정시해 낙언(鄭時海 樂彦)은 선대로부터 사이좋게 지낸 집안의 아들이었으므로 일찍이 서로 따르며 친하게 지냈습니다. 대개 공은 효우(孝友)를 중시하는 가풍이 있었으므로 나는 일찍부터 그를 부러워하고 존경하였습니다. 공은 그동안 두 번이나 상(喪)을 당하여 6년 동안 묘소 옆에서 기력이 쇠퇴한 몸으로 지내고 있었으므로 고을 사람들이 공의 효성을 가상히 여기고 감탄하였습니다. 공은 이미 상복(喪服)을 벗은 후 시국이 바르지 못한 것을 보고 산중으로 들어가 은둔생활을 하며, 나무로 집을 짓고 대명단(大明壇)을 만들어 주(周)를 존숭하는데 전념하였습니다.

정시해 의사 초상

지난해(1905-편역자) 겨울에 면암 선생이 장차 거의할 것이라는 소문을 듣고 궐리(闕里)로 가서 회의(會議)에 참석하고 영·호남을 분주하게 다니며 여러 호걸과 결탁하므로 면암 선생에게 믿는 사람이 되어 서로 잊지 않고 시종(始終)을 함께하였습니다. 옥천(玉川, 순창)에서 전투가 벌어졌을 때 탄환이 어지럽게 방으로 날아들자 공은 자신의 몸으로 면암 선생을 가리다가 몸에 탄환을 맞았습니다. 이때 공은 좌우에 있는 사람에게 '내가 죽었다고 생각하지 말고, 대업(大業)을 끝내도록 노력하기 바랍니다.'라는 말을 남기고 사망하였습니다. 면암 선생은 그 영구(靈柩) 위에 큰 글씨로 '조선의사정군(朝鮮義士鄭君)'이라고 쓰고 순창군의 남쪽에 짚자리를 깔고 빈례(殯禮)를 치렀습니다. 이때 나는 집에 있다가 공이 사망했다는 흉보(凶報)를 듣고 내 아이와 두 학우(學友)를 보내 공의 시신을 거두도록 하였으므로 얼마 후에 장례를 마칠 수 있었습니다. 면암 선생이 북쪽 지방으로 떠나실 때 수행한 사람은 겨우 수명뿐이었고, 그대만 혼자서 이곳에 머물고 있었습니다. 나는 그대가 눈을 감지 못하고 있겠지만 혼기(魂氣)는 이미 다른 곳으로 갔을 것으로 알고 있습니다. 대마도(對馬島)에서 면암 선생을 남모르게 붙들어 주는 것도 그대의 영혼이 아니라고 어찌 알 수 있겠습니까? 면암 선생도 이미 작고하시어 영구(靈柩)가 바다를 건너왔으니 그대의 영혼도 선생님을 따라 돌아왔는지 알 수가 없습니다. 그대의 영혼이 돌아왔다면 그대의 체백(體魄)도 이미 고향 선산으로 돌아갔을 것이고, 선생님의 영구도 본제(本第)에 봉전(奉奠)되어 있을 것입니다.

아! 광악(光岳)은 무너지지 않고 선생의 명성도 사라지지 않았습니다. 선생이 친히 '조선의사(朝鮮義士)'라고 쓰셨으니 그대의 명성도 당연히 사라지지는 않을 것이며, 저들이 이른바 살아서는 안 될 사람이 수명을 누리고 편안하게 살고 있으니, 영화(榮華)와 곤욕(困辱)은 자연히 같을 수 없습니다. 처음에는 영구가 돌아오는 날 나도 그대의 집으로 가서 전(奠)을 올리려고 하였지

|190| 황현『매천집』제4권,「무장의 의사 정시해를 애도하다」.

|191| 當 : 원문에는 '常'으로 되어 있었으나,『매천집』에 의거하여 수정하였다.

|192| 상산(常山)의 혀 : 죽음을 두려워하지 않고 정의에 입각하여 상대를 꾸짖는 것을 말한다. 당(唐)나라 안녹산(安祿山)이 반란을 일으켰을 때, 상산 태수(常山太守)로 있던 안지추(顔之推)의 5대손 안고경(顔杲卿)이 그에게 대적하다가 중과부적으로 포로가 되었는데, 안녹산이 그에게 "내가 너를 추천하여 상산 태수가 되게 하였는데, 네가 어찌 나를 배반하느냐?" 하니, "천자의 은혜를 입었을 뿐이거늘, 네놈을 배반한 것이 무엇이냐?" 하면서 혀가 끊어질 때까지 준열하게 꾸짖다가 죽은 고사에서 나왔다.《新唐書 卷192 忠義列傳 顔杲卿子》

|193| 군흉들……없었네 : 정시해가 포로로 잡혀서 호통을 칠 겨를도 없이 전장에서 바로 죽어 간 것을 가리킨다.

|194| 凉 : 원문에는 '凄'로 되어 있었으나,『매천집』에 의거하여 수정하였다.

|195| 전북 순창군에 있는 강 이름으로, 섬진강의 상류에 해당한다.

만 나 또한 의병을 일으켜 남관(南館)에서 체류하고 있는지 이미 3개월이 되었음에도 앞으로 시국이 평탄할지 험할지 알 수 없습니다. 마침 그대의 고향 친구 강희진(康熙鎭)이 와서 한 마리 닭과 한 잔 술을 모년 모월 모일에 나를 대신하여 영령(英靈) 앞에 한번 통곡하며 고하오니 그대의 영혼은 알고 있을 것입니다."

라고 하였다.

황매천(黃梅泉)의 만사(輓詞)|190|

칼을 잡고 종군하니 죽기야 당연하고	杖劍從軍死固當|191|
의로운 기치 더구나 당당함을 표하였네	義旗况復表堂堂
애석타, 그대는 상산의 혀|192| 지니고도	惜君空有常山舌
군흉들 한바탕 꾸짖을 틈도 없었네|193|	未把群凶罵一場

거적에 싸 처량하게 길가에 두었는데	藁殯凄凉|194|寄路傍
행인들 말 멈춘 채 옷에 눈물 적시네	行人駐馬爲沾裳
적성강|195| 물은 끊임없이 흐르는데	赤城江水流無盡
봄풀은 해마다 국상을 제사하네	春草年年祭國殤

궐리강회도기, 1905, 음 12월

장도

정시해 鄭時海

· 鄭時海【茂長】 │『念齋野錄』乾, 卷之三

　　　　　　　　　　鄭時海 字樂彦 崔勉菴門下
十三義士中人也 丙午夏 戰亡於淳昌 奇松沙爲文祭之 其文曰 鄭君
時海樂彦 以先好家子 早相從逐 蓋其孝友家政 夙所欽賞 而連遭兩
艱 六年於塚傍 繭梅欒棘 鄕里嘉歎 服旣闋 見時事蔑貞 入山栖遁 因
樹爲屋 築大明壇 以寓尊周 去年冬 聞勉菴先生將有義擧 赴闕里會
奔走湖嶺 糾結豪俊 爲先生所信 不能相舍 與之始終 玉川之厄 亂丸
入室 以身翼蔽 身受其丸 謂左右曰 勿以我死 勉卒大業 言訖而逝 先
生大書于柩上曰朝鮮義士鄭君 藁殯于郡南 余亦在家聞凶 送兒子與
數友生 爲收其屍 則已畢事矣 先生北行 從行者數君子 而君獨留此
吾知君之目未瞑 而魂氣則宜無不之也 馬島黙扶 又安知非君之靈 而
先生已逝 靈輀渡海 又未知君之靈 亦隨先生而返耶 魂兮歸來 君之
體魄 已返於故山 而先生之柩 亦已奉奠於本第矣 嗚呼 光岳不頹 先
生之名不磨 而先生所手書朝鮮義士者 當不與之俱泯 彼所謂罔之生
而壽而康者 爲榮爲辱 自不侔矣 初擬以返柩之日 執綍一奠 而余亦
株連義擧 逮滯南館 已三箇月 前頭夷險 有不可知 適見仙鄕友生康
君熙鎭之歸 使具隻鷄單觴 以年月干支 爲我一哭而告之 靈其有知

○ 黃梅泉輓曰 杖劍從軍死固當 義旗況復表堂堂 惜君空有常山舌
未把群凶罵一場 又曰 藁殯凄凉寄路傍 行人駐馬爲沾裳 赤城江水流
不盡 春草年年祭國殤

20

정원숙 鄭元淑

· 『송사선생문집습유』 권3, 「호남의사열전」

정원숙|196|은 대대로 모양(牟陽: 고창)에서 살았다. 사람됨이 강개(慷慨)하여 큰 뜻이 있고, 사람들에게 신망이 있어서 고을에서 난처한 일이 있으면 그의 말을 기다려서 결정한 일이 많았다. 나라의 형세가 위급함을 보고는 충분(忠憤)이 북받쳐서 총과 탄환을 많이 저장하고 의사(義士)들과 결탁하여 은거하여 수양하며 때를 기다렸다.

성재 기삼연이 장성에서 의병을 일으켰는데 의병이 천 명이 되지 못하고, 총은 백 자루가 넘지 않는다는 것을 듣고 은밀히 모의하여 맞이하며 말하길 "모양이 땅이 비록 협소하나 성곽이 견고하고 기계가 정예하고 또 향론(鄕論)의 반대가 없으니 점거하여 지킬만합니다." 하였다. 성재는 본래 그의 의기를 들었으므로 무령(武靈, 영광), 무송(茂松, 무장)에서부터 모량의 문수사(文殊寺)에 들어가서 의병을 쉰 다음 바로 공격할 계획을 하였으나 적이 뒤따라 왔다. 한 번 싸워서 약간의 왜적을 죽이고 의병을 정돈하여 성에 들어갔다.

원숙이 읍내 여러 의사들과 함께 내응하여 관고(官庫)의 무기를 꺼내어 지킬 계획을 하였다. 적이 여러 병참의 군사를 불러 모아 성을 함락시킨다고 소리쳤다. 한 차례 격전을 벌여 수십의 왜놈을 죽였다. 훈련이 안 된 의병들이라 우리 의병의 수가 적음에 겁을 내어 무기와 행장을 버리고 도망갔다. 모든 장령들도 부득이 성을 나갔다.

원숙이 읍인(邑人)과 더불어 무기를 수습하여 샛길로 전해주었다. 매번 의병활동이 불리하였으나 무기와 양식을 몰래 계속 공급하고, 정탐하여 몰래 알려주며, 방편을 지시하여 줌으로 의병활동에 군색함이 적은 것은 원숙의 힘이 컸다. 당일에 여러 공(公)들이 원숙의 지도를 받았다면 실패는 없었을 것인데 갑작스럽게 한 번 패하게 되자 다시 수습하지 못하게 되었다. 운명인 것인가.

아! 나라 5백 년에 임금의 녹을 먹고 좋은 벼슬을 하며, 스스로 세신(世臣)[197] 친신(親臣)[198]이라고 이르는 자는 임금을 저버리고 나라를 망치는 자들이 거의 대부분을 차지하고 있는데, 한 가닥 의기(義氣)가 초야의 먼 변방에 있으니 《역경(易經)》 박괘(剝卦) 상구(上九)의 석과불식(碩果不食)[199]의 이치인가. 하늘이 우리나라를 도와서 후일에 다시 도모할 날이 있다면 마땅히 이러한 의사(義士)들을 등용해서 써야 할 것이므로, 사록(私錄)으로 그 성명을 기록하여 후일에 상고하도록 한다.

『송사선생문집습유-정원숙』

|197| 세신(世臣) : 《맹자》 〈양혜왕하(梁惠王下)〉에 "이른바 전통이 있는 오래된 나라라는 것은 교목이 있음을 말하는 것이 아니요, 세신이 있음을 말하는 것이다.〔所謂故國者 非謂有喬木之謂也 有世臣之謂也〕"라고 하였는데, 그 주에 "세신은 누대 훈구의 신하이니, 국가와 더불어 좋고 나쁨을 함께하는 자이다.〔世臣 累世勳舊之臣 與國同休戚者也〕"라고 하였다.

|198| 친신(親臣) : 《맹자》 〈양혜왕하(梁惠王下)〉에 "왕께서는 가까운 신하도 없으니, 어제 등용한 신하가 오늘 없어져도 모르고 계십니다.〔王無親臣矣 昔者所進 今日不知其亡也〕"라고 하였는데, 이에 대한 주희(朱熹)의 주석에 "친신은 임금이 가까이하고 믿는 신하이니, 임금과 더불어 기쁨과 슬픔을 함께하는 자이다.〔親臣 君所親信之臣 與君同休戚者也〕"라고 하였다.

|199| 석과불식(碩果不食) : 과실나무에 큰 과일 하나가 따먹히지 않고 남아 있다는 것으로, 물건이 명맥을 유지하고 있는 것을 뜻한다.

정원숙 鄭元淑

· 『松沙先生文集拾遺』卷三, 「湖南義士列傳」

鄭元淑 世居牟陽 爲人慷慨有
大志 信義著於人 鄕中有難處 多待其言而決 見國勢岌嶪 忠憤激發
多蓄砲丸 締結義士 晦養待時 聞奇省齋擧義於長城 而兵不滿千 砲
不滿百 密謀邀致曰 牟陽地雖狹小 城郭完 械器精利 且鄕論無怯貳
可以據守 省齋素聞其氣義 自武靈茂松 入縣之文殊僧舍爲休兵 直擣
計而賊躡至 一衄殺多少倭 整軍入城 元淑與邑中諸義 爲內應出官庫
兵 爲據守計 賊招集諸站兵 聲言屠城 一麾殺數十倭 不習之兵 㤼於
衆寡 棄仗委橐而去 諸將領 不得已出城 元淑與邑人 收拾械仗 間道
傳致 每軍行不利 器械糧餉 祕密繼續 偵探密奇 指示方便 軍行少所
窘跲 元淑之力爲多 使當日諸公 一依其指導 則保無虞憂 而遽至於
一敗 而不復收拾 命也夫 嗚呼 國朝五百年 食君祿 而作好官 自謂世
臣親臣者 負君敗國 滔滔皆是 而一種義氣 乃在草茅遐外 亦剝九碩
果之理歟 天祚大東 後圖有日 則收拾需用 當在於此等義士 故識其
姓名於私錄 以爲後考焉

21

최익현 崔益鉉

· 최익현(崔益鉉) 임병찬(林炳瓚)|200| | 『염재야록』건, 권3

최익현|201|의 자는 찬겸(贊謙)
이며 호는 면암(勉庵)으로 경주 사람이다. 그리고 임병찬|202|의 자는
중옥(中玉)이며, 관직은 낙안군수(樂安郡守)로 평택사람이다.

을사년(1905) 겨울에 면암 선생(勉庵先生)이 진위(振威)에서 기
밀이 누설되어 거사에 실패한 후, 다시 호남에서 의거를 계획하기
위해 진안(鎭安)에 살던 그의 문인 최제학(崔濟學)|203|의 집으로 가
서 숨어있었다. 낙안 임병찬이 이를 듣고 그의 문객(門客) 손종궁
(孫鍾弓)|204|에게 말하기를 "공이 나를 위해 면암에게 가서 함께
의거를 하자고 말해 줄 수 있겠습니까?"라고 하자 손종궁은 "그렇
게 하겠습니다."라고 하였다 한다. 손종궁은 온건하게 천천히 말하
고 기계(奇計)를 좋아하였다. 즉시 면암이 있는 곳으로 가서 말하기
를 "선생님이 지금 거사를 하려고 하신다면 누구와 함께 계책을 의
논하겠습니까?"라고 하였다. 면암은 "문인(門人)들과 하겠네."라
고 하므로 손종궁은 "선생님은 잘못 생각하고 계십니다. 선생님은
군대를 잘 모르고 계시고 또 늙으시어 신병도 않고 계신데 문하생
과 적을 대하려고 하십니까? 이것은 이른바 졸개를 적에게 주는 꼴
이라고 할 것입니다. 옛날 한나라 고제(高帝)가 한신(韓信)을 만나
지 못했다면 남정(南鄭)에서 늙어 죽었을 것입니다. 그리고 소열황

|200| 최익현과 임병찬을 병기(倂記)
하였기 때문에 그대로 따랐다.

|201| 최익현(1833-1907) : 경기도
포천 출신, 화서 이항로의 문인. 1906
년 6월 전북 태인에서 의병 봉기, 체포
되어 서울로 압송된 후 대마도 감금중
병사, 전라도 후기의병에 큰 영향. 『면
암집』이 전해지며, 대한민국장 추서.

|202| 임병찬(1851-1916) : 전북 옥
구 출신, 최익현의 문인. 1906년 최익
현의 지시로 태인의병 주도, 면암과 같
이 대마도에 감금되었다가 풀려났고,
나라가 망한 뒤 독립의군부를 결성하
여 활동. 1914년에 체포되어 거문도에
감금되어 있다가 1916년 사망. 『돈헌
유고』가 전해지며, 독립장 추서.

|203| 최제학(1882-1961) : 전북 진
안 출신, 최익현의 문인. 1906년 6월 태
인의병을 주도하다가 체포되어 감금 4
월형. 『습재실기』가 전해지며, 애족장
추서.

|204| 손종궁 : 인적사항은 알 수 없으
며, 현재 미서훈자.

제(昭烈皇帝)가 제갈량(諸葛亮)을 만나지 못했다면 한쪽 지역에서 왕업(王業)도 이루지 못했을 것입니다. 오늘날 선생님도 그런 사람을 만나지 못하시면 의거를 하지 않는 것이 더 나을 것입니다."라고 하였다. 면암은 말하기를 "이 세상에 그런 사람이 없는데 어찌할 수 있겠는가?"라고 하자 손종궁은 "모르시면 걱정을 안 해도 되겠지만 어찌 없다고 하십니까?"라고 하였다. 면암은 "늙은 내가 어리석어 아는 것이 없으니 잘 지시해 주게."라고 하자, 손종궁은 "임병찬이 갑오년(1894)이후 산중으로 들어가서 의병을 기르고 있으므로 장차 이 시대에 무슨 일을 할 것 같으니 거의의 책임을 맡을 만할 것입니다."라고 하였다. 면암은 "나도 지금 세상에 소하(蕭何)와 조참(曹參)[205]같다는 그의 명성을 들은 지 오래되었지만 그가 장수가 될 재목이 되는지는 자세히 모르고 있네."라고 하였다. 손종궁은 "선생님께서 이미 오늘날 소하와 조참을 알고 계셨더라도 소하와 조참이 왜 장수의 재목이 되는가를 모르신다고 해도 될까요."라고 말하였다. 면암이 웃으며 말하기를 "그가 기른 군사가 얼마나 되는지 알려줄 수 있겠는가?"라고 하므로, 손종궁은 "그 문하에 무사(武士)가 500명이 있고, 7개 군의 산포수(山砲手)가 700명이 있는데, 그들은 바다에서 활동하는 군사(海浪賊) 2,000명과 연합하고 있고, 또 많은 무기도 저장하고 있으므로 10,000명은 거느리고 있을 것입니다."라고 하였다. 면암은 "그렇다면 지금 계책을 어떻게 하면 되겠는가?"라고 하자, 손종궁은 "전주(全州)에 있는 고가(古家)의 장수와 향리가 안으로 호응하고 밖에서 원조하여 미리 요충지에 잠복시켜놓고, 바다 군사를 인솔하고 전주성을 근거지삼아 호시탐탐 북쪽으로 올라가면 대사(大事)를 이룰 수 있을 것입니다."라고 하였다. 면암은 크게 기뻐하며 말하기를 "내가 그와 함께 대사를 이루고자 하는데 임병찬도 좋아할까?"라고 하였다. 손종궁은 "만일 선생님과 큰일을 함께한다면 영남과 호남지방에서 세력을 떨치는 것은 어려움이 없을 것이니 어찌 함께하려고 하지 않겠습니까? 선생님이 이와 같은 일을 하려고 하신다면 (정읍의) 종성(宗聖)으로 옮기는 것이 편리할 것입니다. 종성은 즉 임병찬이 거주하는 곳입니

최익현 초상(보물 제1510호) | 채용신 그림, 1905,
비단에 채색, 51.5x41.5㎝, 국립중앙박물관

무성서원

다."라고 하였다. 면암은 "나는 낙안과 안면이 없으므로 마땅히 서신을 보내 계획을 전하겠으니 그대가 먼저 가서 기다리게."라고 하고, 최제학 등에게 그곳으로 가서 그 허실(虛實)을 두 번이나 탐문하도록 하였다.

병오년(1906) 음력 2월 그믐날 면암은 그곳으로 가서 낙안을 보고 말하기를 "지난번에 최제학 편에 두 번이나 답장을 받고, 의기(意氣)가 서로 통하고 간담(肝膽)이 서로 통하여 매우 다행스럽게 생각하였네."라고 하였다. 낙안은 말하기를 "저같이 비루하고 한미한 사람을 버리지 않으시고 가르침이 정중하시니 나라를 위해 목숨을 돌보지 않고 모든 힘을 쏟고(肝腦塗地) 성심껏 섬기겠습니다."라고 하였다. 이미 두 사람은 계획을 논의하여 정한 후 면암이 말하기를 "고종황제가 왜적을 토벌하라는 조서(詔書)가 내린 후에 명분이 더욱 바르게 설 수 있었네."라고 하였다. 면암이 상소문을 지은 다음 의정(議政) 민영규(閔泳奎)[206]에게 보내어 고종에게 올리도록 하고 바다 군사의 소식을 기다리고 있었다. 이에 앞서 낙안은 손종궁과 이을계(李乙季)[207]에게 바다로 가서 육지에 오르도록 약속을 받아 오게 하였다.

어느 날 손종궁과 이을계 두 사람이 와서 말하기를 "바다 군사들이 한발 물러나서 부탁하기를 '육지의 군사가 먼저 세력을 떨치면 후원하겠다.'고 하였습니다."라고 하였다. 낙안은 말하기를 "의병을 동원할 날은 다음에 정할 것이다."고 하면서, 다시 서경순(徐敬淳)[208]에게 바다로 가서 설득하려고 했다. 면암은 말하기를 "그렇지 않네. 자고로 녹림객(綠林客)[209]이 죽음을 달게 받으며 의병에게 달려갔다는 말은 듣지 못하였네. 그리고 일자는 이미 임금님께 알렸으니 감히 늦출 수 없네."라고 하였다.

그 후 음력 윤4월 10일[210] 병자에 의병을 일으켰는데, 면암과 임병찬 두 사람이 인솔한 의병은 고작 300여 명이었다. 이들은 시산(詩山)[211]에서 사잇길을 따라 바로 두류산(頭流山, 지리산)의 깊은 골짜기를 향해 나아가 전진하여 공격한 후 물러나 수비하려는 계획(進攻退守之計)이었다. 그리고 윤4월 20일(양 6.11) 순창(淳昌)을 지

|206| 민영규(1846~1923) : 민경호의 아들, 한성판윤 궁내부대신 의정부 의정을 지낸 친일반민족행위자.

|207| 이을계 : 인적사항은 알 수 없으며, 현재 미서훈자.

|208| 서경순 : 인적사항은 알 수 없으며, 현재 미서훈자.

|209| 녹림객 : 산적을 다른 말로 부른 말이다.

|210| 윤 4월 12일(양력 6월 3일)의 잘못이다.

|211| 전북 정읍시 칠보면 시산리이다.

나다가 일본군을 만나 정시해(鄭時海)가 탄환을 맞고 사망하자 의병은 일제히 도주하고 두 의병장의 자제(子弟)들과 의사(義士) 약간 명만 남아 있었다. 이들도 모두 일본군에게 결박되어 서울로 올라가 구금되었고, 그후 얼마 안되어 면암 최익현 낙안 임병찬 이식(李侙) 안항식(安恒植) 이상두(李相斗) 최상집(崔相集) 문석환(文奭煥) 신보균(申輔均) 유준근(柳濬根) 남규진(南奎振) 신현두(申鉉斗) 등이 일본 대마도(對馬島)에 옮겨져 감금되었다.|212| 고석진(高石鎭) 양재해(梁在海) 문달환(文達煥) 최제학(崔濟學) 김기술(金箕述) 조영선(趙泳善) 이용길(李容吉) 유해용(柳海瑢) 나기덕(羅基德) 임현주(林顯周) 조우식(趙愚植) 등도 서울 감옥에 구금되었다가 얼마후 풀려났다.|213| 면암은 대마도로 들어가 함께 수감되었던 의사(義士)들과 시문(詩文)을 지어 자신의 뜻을 나타내다가 이해 11월 16일|214| 병으로 사망하였다. 이때 그의 나이 74세였다. 그의 영구(靈柩)가 바다를 건너올 때 함께 수감되었던 의사도 모두 귀환하였다.|215|

|212| 이식(1873-1936, 청양, 애국장), 안항식(1860-1922, 청양, 애국장), 최상집(미상, 홍성, 애족장), 문석환(1869-1925, 서천, 애족장), 신보균(1862-1912, 홍성, 애족장), 유준근(1860-1920, 보령, 애족장)은 홍주의병을 주도하였다. 이들과 함께 의병활동을 한 이상두 남규진 신현두의 인적 사항은 불분명하며, 모두 미서훈자.

|213| 최제학, 고석진(1856-1924, 고창, 『방호집』), 조우식(1888-1937, 곡성, 『성암집』)은 애국장, 양재해(1854-1907, 화순, 『화은문집』), 문달환(1852-1938, 화순, 『돈재집』), 조영선(1879-1932, 곡성, 『배헌집』) 임현주(1858-1934, 구례, 『경당유고』)는 애족장, 유해용(1884-1938, 곡성)은 대통령표창, 이용길(1870-?, 장수), 나기덕(1876-?, 나주), 김기술(1849-?, 정읍)은 미서훈자.

담양 용추사

|214| 음력 11월 17일(양력 1907년 1월 1일)의 잘못이다(박민영, 『대한선비의 표상 최익현』, 독립기념관 한국독립운동사연구소, 2012, 203쪽 ; 홍영기, 『독립의군부의 지도자 임병찬』, 2016, 88쪽).

|215| 대마도에 감금되었던 임병찬과 이른바 '홍주9의사'는 차례로 석방되었다. 1907년 2월 26일 임병찬과 안항식을 시작으로 신보균은 7월 16일, 문석환 남규진 신현두 최상집 등은 1908년 10월 8일 풀려났다. 다만, 이식 등 3인의 석방 날짜는 불분명하다(홍영기, 『독립의군부의 지도자 임병찬』, 92쪽).

|216| 사적(士籍) : 조선시대 지방자치기구인 유향소를 운영하던 향중사류(鄕中士類)의 명안(名案) 즉 향좌목(鄕座目) 향적(鄕籍) 향안(鄕案) 유안(儒案) 청금록(靑衿錄) 등을 말한다.

〈면암과 낙안이 주고받은 편지 대략〉

면암이 낙안에게 보낸 서신에 대략 이르기를

"국가의 형세가 이 지경에 이르러 벙어리 귀머거리 절름발이 앉은뱅이도 오히려 하늘을 함께 이고 있지 않으려는 의기가 있는데 더구나 사적(士籍)|216|에 이름을 둔 사람은 국가와 휴척(休戚)을 같이해야 할 사람이라면 더욱 말할 것이 있겠습니까? 지금 고명께서는 반드시 정해놓은 계획이 있을 것이니 의리에 대처하는 방법을 들려주신 것이 어떻겠습니까?"라고 하였으나, 임병찬의 답장은 유실되어 기록하지 못하였다.

면암은 두 번째 보낸 서신에서 대략 이르기를 "고금(古今)에 사람 인심은 같아 옛날 현인(賢人)도 조석으로 만난다고 말했는데 하물며 이같이 어지러운 때에 위태로운 국가를 구제하고 기울어진 사직(社稷)을 붙드는 일을 세상 사람들은 모두 비웃고 있습니다. 우리는 말 한마디에 마음이 맞아 그 사이에 추호도 다른 생각은 용납될 수 없으니 매우 훌륭하고 훌륭하여 면식(面識)이 있고 없고에 마음을 달리하지 않았습니다. 저의 생각에는 바로 운봉(雲峰)으로 가서 영남과 호남의 형세를 이루는 것이 좋을 것 같습니다만 어떤 생각을 가지고 계신지 잘 모르겠습니다."라고 하였다.

그 답장에는 대충 "그 고을에는 믿을 만한 사람도 없고 또 수하에 거느린 군사도 없으므로 만일 생소한 곳으로 가서 어떤 급한 일이 생기면 진퇴가 어려울 것이니 먼저 전주에서 성세(聲勢)를 이루고 또 그 곳에 심복을 둔 후에 두류산에 웅거하여 전진하여 공격하고 물러나 수비하는 계획을 세우는 것이 편리할 것으로 생각하는데 결정하실지 잘 모르겠습니다. 수남(秀南) 고석진(高石鎭)도 운봉에 웅거하겠다는 뜻을 서신에 담아 낙안에게 보냈는데, 그

답장에 '운봉을 갔다왔다 하면서는 본래 사람과 약속을 정할 수 없으므로 지남철(指南鐵)을 이용하여 다시 좋은 곳을 택하는 것이 어떠냐'고 하였습니다."라고 하였다.

면암이 순창 강천사(剛泉寺)[217]에 있을 때 송사(松沙) 기우만과 담양의 이항선(李恒善)[218]이 낙안을 만나고 와 면암에게 말하기를 "낙안의 허실(虛實)을 자세히 알 수 없었습니다."라고 하였다.

|217| 전북 순창군 팔덕면 청계리 일대에 있는 사찰.
|218| 이항선(1848-1929) : 전남 담양 출신, 태인의병에서 활동, 백낙구 고광순 등과 재거의를 시도, 애족장 추서.

〈면암이 민영규에게 보낸 편지 대략〉

면암이 상공(相公) 민영규에게 보낸 서신에 대략 이르기를 "바라는 것은 무기를 들고 동쪽 섬나라로 가서 일본 왕의 죄를 묻는 것이다. 각국과 회동하여 담판을 통해 전후로 강제로 체결한 조약을 폐기하여 우리 임금님의 원수를 갚고 우리 국권을 공고히 하고자 합니다. 그러나 나는 재주가 노둔하고 거느린 의병도 적은데다가 또 의병이 모일 때마다 일본군이 앞뒤에서 위협하고 있으니 어떻게 뜻이 이뤄지기를 바라겠습니까? 다만 우리의 대의(大義)를 펴서, 천하 사람이 우리 대한(大韓)에서 죽음을 잊고 나라를 위하는 사람이 있다는 것만 알린다면 후일 국권을 회복하는 데 만 분의 일 분이라도 도움이 될 것입니다. 단 상소(上疏)하여 나의 마음을 전하려고 하나, 저지를 당하여 대궐로 들어가지 않을까 우려됩니다. 체통과 전례(前例)를 생각하지 않고, 전 군수(前郡守) 임병찬의 상소문도 봉상(封上)하기 위해 가지고 있다가 다행히 조정에 나가 임금님을 뵈올 때 은밀히 전하여 그 충정(衷情)을 말씀해주십시오. 민충정공(閔忠正公, 泳煥)의 유소(遺疏)처럼 숨기지 않았으면 천만 번 다행으로 생각하겠습니다."라고 하였다.

그리고 을사년(1905) 음력 11월 21일 밤 고종황제로부터 왜적을 토벌하라는 의대조(衣帶詔)가 나와 민형식(閔亨植)[219] 민정식(閔正植)[220] 민병한(閔秉漢)[221] 이정래(李正來)[222] 등에게 전해지고 다시 돌아서 면암에게 전해졌다고 한다.

|219| 민형식 : 생몰년대는 미상, 평안남도관찰사, 궁내부특진관, 홍문관부학사 등 역임한 문신.
|220| 민정식(1848-?) : 전라도와 경상도의 관찰사, 궁내부특진관을 지낸 척신.
|221| '민병한(閔丙漢)'의 오기로 추정, 민병한(1861-?)은 궁내부특진관, 중추원찬의 등을 역임한 문신.
|222| 이정래의 인적사항은 알 수 없다.

〈의대조(衣帶詔)〉

아, 애통하다! 나는 죄악이 크고 하늘이 돕지 않으므로 백성이 도탄에 빠져 있고, 이로부터 이웃 강국은 기회를 노리고 역신(逆臣)은 국권을 장악하고 있다. 우리 동방은 4천년 동안 예의를 지켜온 나라인데, 하루아침에 개와 양이 날뛰는 지역으로 변하였으니, 내가 무슨 낯으로 종묘(宗廟)를 볼 수 있겠는가? 나의 실낱같은 목숨은 아깝지 않습니다만 특히 종사(宗社)와 백성을 생각하여 이 밀조(密詔)로서 전 참정(前 參政) 최익현(崔益鉉)을 도체찰사(都體察使)로 임명한 후 칙명으로 7개 통로(七路)에 보내노라. 호서는 충의군(忠義軍), 호남은 장의군(壯義軍), 영남은 분의군(奮義軍), 해서(海西)는 용의군(勇義軍), 관서(關西)는 호의군(扈義軍), 관동(關東)은 강의군(强義軍), 관북(關北)은 웅의군(熊義軍)으로 각기 의미를 부여하노라. 양가(良家)의 재주있는 자를 소모사(召募使)로 삼고, 각자 관인(官印)을 새겨 활동하라. 관찰사(觀察使)·수령(守令)으로 명령을 따르지 않는 자는 먼저 파출(罷黜)하여 처분을 기다리게 하고, 오직 그 마음이 하나로 단결하라. 그리고 경기도 일로(一路)는 짐(朕)을 도와서 의병과 함께 사직(社稷)을 위해 죽기를 맹서하고, 이 옥새(玉璽)가 찍힌 조서(詔書)를 은밀히 내려 보낼 것이니 이런 뜻을 모두 알기 바라노라.

【혹자는 말하기를 이것은 교조(矯詔)[223]라고 하지만 누구의 말이 옳은지 알 수 없다.】

『면암문집』, 1931

|223| 교조(矯詔) : 임금의 명령이라고 거짓 꾸며서 만든 조서(詔書)를 말한다.

〈임병찬과 데라우치 마사타케[寺內正毅]의 대담〉[224]

임낙안(林樂安)이 정미년(1907) 대마도에 수감되었다가 돌아온 이후 다시 국권을 회복하려고 하였다. 일이 발각되어 갑인년(1914) 음력 5월 29일(양 6.22) 체포된 후 서울로 올라가 데라우치 마사타케[寺內正毅]를 면회하였다.

〔다치바나〕 오래전부터 선생의 명성을 들었습니다만 지금 뵙게 되어 매우 다행입니다.

〔임〕 나도 각하와 마음 속에 있는 말을 나누고 싶었는데 지금 보게 되었습니다.

〔다치바나〕 내가 이곳에 새로 부임하여 인심과 풍속을 자세히 알지 못하니 고론(高論)을 듣고 싶습니다.

〔임〕 사람마다 국권을 회복하려고 하고, 풍속은 집집마다 와신상담(臥薪嘗膽)하고 있는 게 인정(人情)입니다.

〔다치바나〕 선생의 말씀이 틀립니다. 대한제국과 합병한 이후 일본 황제의 은혜는 끝이 없으므로 한국인이 모두 기뻐하고 있습니다.

〔임〕 한국인은 기뻐하지 않고 있습니다. 내가 잠시 말씀을 드리겠으니 들어주시겠습니까?

〔다치바나〕 네.

〔임〕 일본이 신임하여 등용한 자는 첫째 5적(五賊)들입니다. 그들은 오직 명령만 따르며 다른 마음이 없는 것 같지만 실제로는 그렇지 않습니다. 소인의 욕심은 재리(財利)와 작녹(爵祿)을 벌레처럼 영위하고 개처럼 탐하여 못하는 일이 없으므로 나라를 파는 지경에 이르렀습니다. 그러나 그들도 사람이므로 때로는 혹 사람의 본성이 발로되어 갑자기 후회하기를 '우리는 종실(宗室)의 지친(至親)이자 교목세신(喬木世臣)[225]으로서 당연히 국가와 휴척(休戚)을 같이해야 할 텐데 도리어 나라를 파는 도적이 되었으니 이것이 무슨 마음일까.'라고 하고 있습니다. 둘째는 관리들입니다. 그들은 간세한 자로서 살기 위해

[224] 임병찬이 면회를 신청하여 총독을 직접 만나려 했으나, 경무총감 다치바나 고이치로[立花小一郎]를 보내 대신 만나게 했다(「年譜」, 『의병항쟁일기』, 한국인문과학원, 1986, 287쪽).

[225] 교목세신(喬木世臣) : 여러 대에 걸쳐 중요한 벼슬을 지낸 집안 출신이어서 나라와 운명을 같이하는 신하를 말한다.

임병찬 초상 | 채용신 그림, 1911,
비단에 채색, 60x110㎝, 개인소장

이익을 추구하고 있으므로 일하는 곳으로 투신하여 억지로 순종하고 있지만 퇴근하고 돌아와 사람을 대할 때는 '이 구복(口腹)이 원수라네. 자질구레 원수의 밑에서 머리를 굽실거리고 있으니 이것이 무슨 모양일까.'라고 합니다. 셋째는 일진회(一進會)입니다. 당초에 그 두목은 아랫사람을 유혹하여 '우리나라는 정승의 아들이 정승 되고, 수령의 아들이 수령 되므로 우리는 감히 넘볼 수 없지만 오늘날은 일본인에게 아첨하면 모두 관직을 얻을 수 있다.'고 하면서 심지어 날인하여 합방을 청하기도 하였습니다. 그러나 지금 5년이 되도록 관직은 고사하고 한 마을의 이장(里長) 자리도 얻지 못하고 있으므로 그들은 분을 이기지 못하고 후회하면서 '국가의 은혜를 받고 살아가면서 그 은혜에 보답은 생각하지 않고 도리어 매국적(賣國賊)과 궤(軌)를 같이하고 있으니 이것은 죄악이다.'라고 하고 있습니다. 이런 사람의 마음도 모두 이와 같은데 더구나 다른 사람이야 말할 것이 있겠습니까?

〔다치바나〕 이런 사람의 마음은 선생의 말씀과 같지 않습니다.

〔임〕 이것은 각하가 물었기 때문에 대충 그 사실을 말한 것이며 망령되이 하는 말이 아닙니다. 그러나 내가 말하고 싶은 것은 여기에 있는 것이 아닙니다.

〔다치바나〕 차례로 말씀해 보십시오.

〔임〕 일본은 서양〔泰西〕의 매와 개 노릇을 하고 있으니 일본을 위하여 부끄럽게 생각합니다.

〔다치바나〕 무슨 말씀입니까?

〔임〕 서양에서 크게 욕심을 내고 있는 것은 동양 전체입니다. 그러나 중국〔支那〕과 일본과 조선 3개국이 정족지세(鼎足之勢)|226|를 이루고 있어 세 번 착수하기 어려우므로 먼저 일본의 개화(開化)를 주창하여 암암리에 전쟁을 도와 병합하도록

|226| 정족지세(鼎足之勢) : 솥발처럼 셋이 맞서 대립한 형세를 말한다.

해놓고 중국과 조선을 하루에 단 한번으로 바꾸어 놓으려고 하기 때문입니다. 그렇게 당당하게 독립을 2,000년 동안 지속한 제국(帝國)이 서양의 매와 개 노릇을 하고 있으니 부끄럽지도 않습니까?

〔다치바나〕 서양이 동양을 어찌 그렇게 할 이치가 있겠습니까. 선생의 말씀은 관견(管見)을 면치 못하고 있습니다.

〔임〕 그렇다면 오늘날 서양이 중국을 도우며 세력을 떨치도록 하고 남모르게 한국에게 복수하도록 권하고 있는 것은 무슨 뜻이겠습니까? 중국을 병합하지 못하고 일본은 날뛰고 있어 하나로 합할 계산을 찾지 못하고 있으므로 우리 3개국이 서로 잔악하게 피해를 가하여 방휼지세(蚌鷸之勢)[227]를 이루고 있으면 어부지리(漁父之利)를 거두려고 한 것입니다. 서양에서 이와 같이 중단하지 않고 있는 것은 무엇을 위하여 그렇게 하겠습니까? 차근차근 생각해 보세요.

〔다치바나〕 선생님의 말씀은 한국이 한을 품고 하는 말이며 동양의 대세를 모르고 하는 말입니다. 일본과 한국이 연합하지 않으면 육대열국(六大列國)과 맞서거나 동양을 유지할 수 없으니 선생께서는 여러 말씀을 하시지 마시고 어서 집으로 가시어 잘 조섭하십시오.

〔임〕 나의 말이 아직 끝나지도 않았는데 모임을 끝내는 것은 옳지 않습니다.

〔다치바나〕 시간이 촉박하므로 한 말씀으로 끝내십시오.

〔임〕 대개 백성이 기뻐하면 나라가 작더라도 강해지고 백성이 원망하면 나라가 크더라도 약해집니다. 일본은 우리 백성이 원망하고 있는데 이런 나라를 병합하여 대국과 맞서려고 하니 어찌 그리 심한 무리수를 두고 있습니까?

〔다치바나〕 이렇기 때문에 한국의 백성을 교육하여 기쁜 마음으로 복종할 수 있게 하려고 한 것입니다.

〔임〕 각하의 이 말은 그 목은 쥐고 이마를 밀치면서 함께 기뻐하기를 바라는 것과 같은 일이니 어찌 얻을 수 있겠습니까? 나의

|227| 방휼지세(蚌鷸之勢) : 도요새가 조개를 쪼아 먹으려고 부리를 넣는 순간 조개가 껍데기를 닫고 놓지 아니한다는 뜻으로, 대립하는 두 세력이 잔뜩 버티고 맞서 겨루면서 조금도 양보하지 아니하는 형세를 비유적으로 이르는 말.

어리석은 생각에는 일본과 한국이 각자 독립하여 서로 피해를 주지 않고 먼저 백성의 마음이 견고하고 나라가 편안한 계책에 힘쓴다면 동양은 그 가운데 건재할 것이니 각하는 생각해 보기 바랍니다.

〔다치바나〕 선생은 변사(辯士)이므로 입으로는 다투기 어려우니 이제 그만두고 여사(旅舍)로 돌아가시기 바랍니다.

이로부터 낙안 임병찬이 여러 차례 면회를 청하였지만 그는 다시 응하지 않았다. 임병찬은 얼마 안 되어 호남의 거문도(巨文島)에 감금되었다가 3년만인 병진년(1916) 5월 23일 신병으로 사망하였다. 이때 그의 나이는 76세였다.

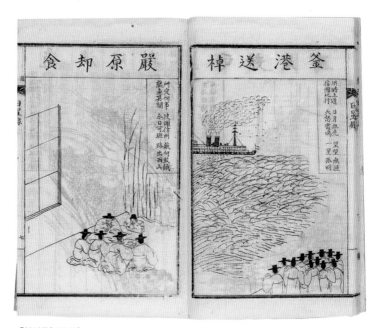

『일성록(日星錄)』

최익현 崔益鉉

· 崔益鉉 林炳瓚 | 『念齋野錄』乾, 卷之三

　　　　　　　崔益鉉 字贊謙 號勉菴 慶州人
也 林炳瓚 字□□ 官守樂安 □□人也 乙巳冬 勉菴先生 自振威機事
泄敗後 再欲計事於湖南 潛跡於其門人鎭安崔濟學家 樂安聞之謂門
客孫鍾弓曰 公能爲我 往說勉菴與之共事否 孫曰諾 孫則有緩頰而好
奇計者也 卽往見勉菴曰 先生今欲擧事 誰與計之 勉菴曰 與門人爲
之 孫曰 先生差矣 先生不知軍旅 且老病矣 欲與門下對敵 此所謂以
卒與敵也 昔漢高帝不得韓信 則老死於南鄭 而已昭烈不得孔明 則偏
業未成也 今日先生 不得其人 不如不爲之爲愈也 勉菴曰 世無其人
奈何 孫曰 不患不知而何謂無也 勉菴曰 老夫愚昧不識 願賜指示 孫
曰 林炳瓚自靑馬亂後 入山養兵 若將有爲於時 可當其任 勉菴曰 吾
亦以今世蕭曹聞名久矣 然其爲將材 則莫詳 孫曰 先生旣知爲今日之
蕭曹 而不知蕭曹爲將材可乎 勉菴笑曰 其養兵多少 可得聞歟 孫曰
門下武士五百 七郡山砲七百 連合海浪賊二千 且兵器貯藏 可率萬
人 勉菴曰 然則爲今之計 欲將何爲 孫曰 與沛中古家將吏 內應外援
預先伏兵於要衝 引率海軍 襲據完城 耽耽有北上之勢 則大事可濟矣
勉菴大悅曰 吾欲與之 其肯之否 孫曰 若與先生共事 則亦振嶺湖聲
勢 無難矣 有何不肯乎 先生欲如此 移次宗聖 恐合便宜 宗聖卽樂安
所居地也 勉菴曰 吾與樂安素無雅分 則當一書致意計矣 君其先往俟

之 乃使崔濟學等 往探其虛實再矣 丙午二月晦 勉菴往見樂安曰 頃
因崔生 見兩度答書 義理默契 肝膽相照 不勝幸甚 樂安曰 不棄鄙微
教下鄭重 肝腦塗地 誠心從事 旣議定 勉菴曰 自上有討倭詔 然後各
義益正 乃製疏 密致于閔議政泳奎 使之入徹 以待海軍消息 先是樂
安 使孫鍾弓李乙季入海 約海浪賊登陸矣 一日孫李兩人來言曰 海軍
退託 以爲陸軍先爲振勢 則將爲後援 樂安曰 起兵日字退定 再使徐
敬淳 入海諭之 勉菴曰 不然 自古及今未聞有綠林之甘死赴義也 日
字則旣爲告君矣 不敢退定 乃閏四月初十日丙子 倡起義兵 兩家所率
只爲三百餘 自詩山從間路 直向頭流深谷 以爲進攻退守之計 而二十
日 過淳昌遇日兵 鄭時海中丸死 士卒一齊逃散 只餘兩家子弟及義士
若而人 而已皆從容就縛 上京被拘 居無何 勉菴 樂安 李偀 安恒植 李
相斗 崔相集 文奭煥 申輔均 柳濬根 南奎振 申鉉斗 移囚於日本對馬
島 高石鎭 梁在海 文達煥 崔濟學 金箕述 趙泳善 李容吉 柳海瑢 羅
基德 林顯周 趙愚植 仍拘京獄尋爲得放 勉菴入對馬島 日與同囚義
士 寓懷於詩文 吟咏之間 至是年十一月十六日 病卒時 年七十四 返
柩渡海之日 同囚義士 亦皆得還矣

　　勉菴嘗與樂安書略曰 國勢到此 喑聾跛躄 尙可有不共戴天之義
矧策名士籍 與國同休戚者乎 以令之高明 必有所定算 願聞處義之如
何 林答逸亡未記 勉菴再書略曰 古今人同心 昔賢尙謂之朝暮遇 矧
值此板蕩之會 持危扶顚 世皆竊笑 而迺一言符契 間不容髮 甚盛甚
盛 未嘗以面不面 爲異同也 愚意則直向雲峰 得嶺湖之勢似好 而未
知其如何 答略曰 那邑姑無信人 且無手下親兵 若徑往生疎處 脫有
緩急 進退兩難 莫若先得聲勢於豐沛 且結心腹於那處 然後雄據頭流
以爲進攻退守之計 恐合便宜 未知下裁之 如何 高秀南石鎭 亦以進
據雲峰之意 致書樂安 答曰 雲之去來 本無定約於人 間只可用指南
鐵 更擇福地 如何 勉菴在淳昌剛泉寺 時奇松沙與秋城李恒善 往見
樂安 來言於勉菴曰 樂安虛實 未可詳悉云

　　勉菴與閔相公泳奎書略曰 所願洗兵東島 問罪倭主 會同各國 大開

談辦 繳滅前後劫定之約 以復君讎 以固國權 然材駑徒弱 又有進會
倭兵之前後迫逐 何可望其有成也 只是伸吾大義 使天下知我大韓 亦
有忘死爲國之人 則其爲異日恢復國權之地 不無萬一之助矣 但欲上
章 陳達愚衷 然恐有格不入之慮 故不揆體例 幷前郡守林炳瓚疏 謹
爲封上 幸於從容 進見之日 卽爲密呈 俾達苦衷 更勿如閔忠正遺疏
之隱而不納 千萬幸甚 乙巳十一月二十一日夜 自上有討倭 衣帶詔出
付 閔亨植正植秉漢李正來 而轉及於勉菴云 詔曰 嗚乎痛矣 予罪大
惡盈 皇天不佑 元元塗炭 而由是强隣俟釁 逆臣秉權 我東方四千年
禮義之國 一朝爲犬羊之域 予以何顏 見於宗廟乎 惟予一縷之命 猶
不足惜也 特念宗社生靈 玆以密詔 以前參政崔益鉉 爲都體察使 勅
送七路 以湖西爲忠義軍 以湖南爲壯義軍 以嶺南爲奮義軍 以海西爲
勇義軍 以關西爲扈義軍 以關東爲强義軍 以關北爲熊義軍 各立義方
以良家才子 爲召募官 印幷自刻 從事觀察守令不從命者 爲先罷黜
以待處分 惟一其心 且畿輔一路 朕亦與其軍 殉于社稷 璽書密下 以
此知悉【或云矯詔 未知孰是】

林樂安自丁未對馬島囚山 歸後再謀復國事覺 甲寅五月二十九日
被執上京 寺內正毅面會也 彼曰 久聞先生聲聞 今纔奉候 不勝幸甚
林曰 余亦欲與閣下 攄陳所懷 今得一會也 彼曰 吾新莅此地 人情風
俗姑未詳悉 願聞高論 林曰 人情則人人思復國 風俗則家家爲薪膽
彼曰 先生之言差矣 自合韓以來 日本帝恩罔極 國人皆悅服矣 林曰
韓人之無悅服 吾暫言之肯聽否耶 彼曰 諾 林曰 日本之所信用者 一
曰五賊輩也 惟命是從 似無異心 然實不然也 小人之欲 但知財利爵
祿 蠅營狗苟 無所不至 故以至賣國 然彼亦人也 時或有人性之發 則
輒悔恨曰 吾輩以宗室至親喬木世臣 當與國家同休戚 而反爲賣國之
賊 是誠何心 二曰官吏輩也 姦細之求活征利者 投身服役 黽勉承順
然歸對人 則曰口腹爲仇也 區區屈首於讎賊之下 是何形狀 三曰一進
會也 當初其居首者誘下曰 我國 則政丞之子 爲政丞 守令之子 爲守
令 吾輩不敢爾 今若納媚於日本 則皆得官爵 遂至於捺印請合邦 然
至今五年 官爵姑舍 一里長不得 故不勝憤悔曰 生於雨露之澤 而不

思報復 反與賣國賊 同歸一轍 是罪惡 此等人心 皆如是 況於他人乎
彼曰 此等人心 不如先生之言也 林曰 是爲閣下所問 故略言其實 而
非妄言 然吾所欲言者 不在此矣 彼曰 第言之 林曰 日本爲泰西之鷹
犬 竊爲日本恥之 彼曰 何謂也 林曰 泰西之所大欲者 是東洋全局 然
支那日本朝鮮爲鼎立之勢 難於三回着手 故首先開化於日本 暗助戰
鬪使之侵 併支那朝鮮爲一之日 欲易於一回故也 以堂堂獨立二千年
帝國 爲人鷹犬 而不知恥耶 彼曰 泰西之於東洋 寧有是理乎 先生之
言 未免管見也 林曰 然則今日泰西之 反助支那 而使之振勢 陰勸韓
人 而使之復讎者 亦何意歟 支那未合 日本跋扈 不得合一之計 故更
使三國 自相殘害 以致蚌鷸之勢 圖收漁人之功矣 泰西之若此不已者
胡爲乎然也 第思之 彼曰 先生言論 只含韓憾情 而不知東洋大勢也
日韓不爲連合 則無以敵六大列國 而維持東洋也 先生勿爲苦口 早歸
善攝 林曰 吾言未盡 罷會不可 彼曰 時刻促迫 請一言終了 林曰 蓋民
悅則國小猶强 民怨則國大亦弱 日本合我民怨之國 而敵大云者 何其
無理之甚也 彼曰 是以敎育韓民 求其心悅誠服也 林曰 閣下此言 猶
夫扼其亢批其頰 而求與之悅服 則烏得乎 愚意則以爲日韓 各自獨立
不相殘害 先務民固 邦寧之策 則維持東洋 自在其中矣 願閣下思之
彼曰 先生辯士也 難與口爭 姑爲停止 請還旅次 自後樂安屢請面會
更不與許 居無何 拘留於湖南巨文島 至三年 丙辰五月二十三日 病
卒時 年七十六

모덕사 | 청양 목면

22

韓貞鎬

한정호 韓貞鎬

· 한정호(韓楨鎬)【순창(淳昌)】| 『염재야록』건, 권3

한정호[228]는 자가 영숙(永淑)
이고 청주인(淸州人)이다. 병오년(1906) 4월에 면암 최선생이 순
창에서 거의할 때 공이 사람들에게 말하기를 "지금은 지사(志士)가
피를 흘릴 때이다."라고 하고, 개연(慨然)히 칼을 차고 따랐다. 이때
날이 이미 황혼이었다. 전주 및 남원의 진위대 병사들이 사방을 포
위하여 산 위에서는 포성(砲聲)이 하늘을 진동하고 있었다. 이날은
밤하늘이 맑고 달빛은 휘영청 밝았으며 벽력같은 소리와 붉은 빛
이 곧바로 순창읍성까지 다다랐다. 이것은 아마 면암 선생의 충의
(忠義)에 감동되어 그런 것일까? 그날 저녁 정시해(鄭時海)는 총탄
에 맞아 죽고, 여러 의사(義士)들은 한 번도 활시위를 당기거나 칼
을 써보지도 못했다. 면암 선생은 이미 그들에게 체포되었는데, 참
으로 슬프고 분개하여 통곡을 한 후에 시 한수를 지었다.

|228| 한정호 : 현재 미서훈자이다.

지금 나라가 액운을 당하였으니	國祚今當百六秋
나라 일을 생각하면 눈물이 나네	念來時事淚先流
허리에 찬 보검을 사용하지 못하였으니	腰間寶劍終無用
두우성에 비춘 용천검빛이 부끄럽구나	憼愧龍光射斗牛

다음 날 공은 집으로 돌아와 신보(申報)|229|도 읽지 않고 삭발과
창씨(創氏)도 하지 않고 지내다가 경술년(1910)에 나라가 망했을
때 한일 양국(韓日兩國)의 순검(巡檢)이 마을마다 다니며 마을 사람
을 모아놓고 "합방(合邦)이 좋은가? 좋지 않은가?"를 물었다. 공이
소리를 높여 말하기를 "여러 말 할 것 없이 만일 우리나라가 일본을
병합하였다면 일본 사람은 좋겠습니까, 나쁘겠습니까? 이렇게 미
루어 생각하면 알 수 있을 것입니다. 우리 대한 사람이 와신상담(臥
薪嘗膽)하는 한(恨)을 알 수 있을 것입니다."라고 하였다. 그들은 깜
짝 놀라며 서로 쳐다보고 있다가 공의 성명을 적어갔다. 공은 옛 의
관(衣冠)을 차려입고 전례에 따라 지조를 지키고 살면서 항시 국가
의 원수를 갚지 못한 것을 한탄하였다. 추록(追錄)하였다.

『염재야록-한정호』

한정호 韓貞鎬

· 韓楨鎬【淳昌】| 『念齋野錄』乾, 卷之三

　　　　　韓楨鎬 字永淑 淸州人 丙午四
月 勉菴崔先生 倡於淳昌也 公語人曰 此志士 飮血之秋也 慨然杖劍
從之 則日已黃昏 全州與南原兵隊四圍 山上砲聲震天 時夜天晴月朗
霹靂紅光 直抵郡城 應是先生忠義所感也耶 其夕鄭時海砲死 諸義士
一未控弦試劍 而先生已就擒矣 悲憤號哭 而吟詩曰 國祚今當百六秋
念來時事淚先流 腰間寶劍終無用 慚愧龍光射斗牛 翌日歸林泉 不讀
申報 不剃髮創氏 至庚戌屋社日 鮮日兩巡檢 來會村人 問合邦好否
公勵聲大言曰 不在多言 假使我國幷合日本 則日人之心 好乎否乎
推此 則可知大韓人薪膽之恨矣 彼愕然相視 記姓名而去 公以舊樣衣
冠 隨例自靖 而恒以國讎 未報爲恨矣 追錄

　이 책은 노사학파가 저술한『송사선생문집습유(松沙先生文集拾遺)』(기우만, 1980),『후석유고(後石遺稿)』(오준선, 1934),『염재야록(念齋野錄)』(조희제, 1934)에서 호남의병 인물관련 기록만을 발췌하여 간행한 것이다. 다행히 호남의병 인물과 관련된 내용들이 이미 한글로 번역이 이루어져 그 수고를 조금은 덜 수 있었다.『송사선생문집습유』와『후석유고』의 내용은『독립운동사자료집2:의병항쟁사료집』(독립운동사편찬위원회, 1970)에 수록되어 있으며, 현재 이 자료는 공훈전자사료관(http://e-gonghun.mpva.go.kr)에 DB로 탑재되어있어 누구나 이용할 수 있다.『염재야록』의 경우 지난 2017년에 고려대학교 역사연구소에서『항일운동을 증언한 염재야록』(김준 역)으로 번역본을 간행하였다. 따라서 이 책에서는 기존의 번역문을 저본삼아 문구를 수정하고, 원문과 비교하여 잘못된 번역 내용은 바로잡는 등 재편집 과정을 거쳤음을 밝혀두고자 한다.

- 편역자 일동 -

노사학파가 기록한
호남의병열전

발행처 | (사)노사학연구원
    57245 전라남도 장성군 진원면 고산로 68, (061-392-5043)

발행일 | 2019.12.30

편역 | 홍영기 · 김은영 · 김경국 · 최영희

디자인 | 주슬기

펴낸곳 | 상상창작소 봄(출판등록 2013년 3월 5일 제 2013-000003호)
    62260 광주광역시 광산구 월계로 117-32 상가 1동 204호, (062-972-3234)

ISBN 979-11-88297-16-0
      979-11-88297-14-6(세트)

이 도서의 국립중앙도서관 출판예정도서목록(CIP)은 서지정보유통지원시스템 홈페이지(http://seoji.nl.go.kr)와 국가자료종합목록
구축시스템(http://kolis-net.nl.go.kr)에서 이용하실 수 있습니다. (CIP제어번호 : CIP2019052686)